浙江省新型重点专业智库杭州国际城市学研究中心
浙江省城市治理研究中心成果

浙江智库
ZHEJIANG
THINK TANK

王国平　总主编

南宋的藏书与藏书家

方建新　朱　延　著

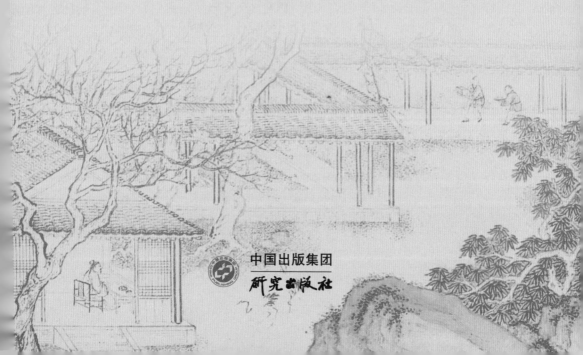

中国出版集团
研究出版社

图书在版编目（CIP）数据

南宋的藏书与藏书家 / 方建新，朱延著 .—
北京：研究出版社，2024.1
ISBN 978-7-5199-1622-0

Ⅰ. ①南… Ⅱ. ①方…②朱… Ⅲ. ①藏书 – 图书史 – 中国 –
南宋 Ⅳ. ① G259.294.42

中国国家版本馆 CIP 数据核字（2024）第 020574 号

出 品 人：赵卜慧
出版统筹：丁　波
责任编辑：孔煜华

南宋的藏书与藏书家

NANSONG DE CANGSHU YU CANGSHUJIA

方建新　朱　延　著

研究出版社 出版发行

（100006　北京市东城区灯市口大街 100 号华腾商务楼）
天津联城印刷有限公司印刷　新华书店经销
2024 年 1 月第 1 版　2024 年 1 月第 1 次印刷
开本：787 毫米 ×1092 毫米　1/16　印张：12.75
字数：154 千字
ISBN 978-7-5199-1622-0　定价：78.00 元
电话（010）64217619　64217652（发行部）

目　录

引　言

赵宋王朝建立以后，在加强专制主义中央集权的基础上实行重文政策，推进包括重建三馆（史馆、昭文馆、集贤院）、编纂刻印图书在内的文化基础设施建设以及促进文化学术事业繁荣的一系列措施。从宋太祖、太宗起，宋代最高统治者身体力行，喜读书，重知识，形成了"君臣上下，未尝顷刻不以文学为务，大而朝廷，微而草野，其所制作、讲说、纪述、赋咏，动成卷帙，累而数之，有非前代之所及也"①的局面。全社会文化气息浓厚，有效地促进了包括藏书业在内的典籍文化的发展。

宋代实行重文政策的一个重要方面，是大力发展、改革科举制度，发展教育事业。宋初自太祖朝始，即实行皇帝亲自对省试合格举子进行考试的殿试制度。从太宗朝起，又扩大了科举取士的人数，提高考中科举特别是考中进士后士人的待遇，"朝为田舍郎，暮登天子堂"②，极大地激发了不同阶层的士子，尤其是出身贫寒的士子参加科举考试的积极性，增强了他们努力通过科举改变自己命运的决心与信心。正是在功名利禄的驱使诱惑下，全社会形成了浓厚的苦读重教风气，也促进了宋代教育的发展，增加了对图书的需求。而唐

---

① （元）脱脱等：《宋史》卷二〇二《艺文志》，中华书局 1975 年版。

② （宋）汪洙：《神童诗》，中华书局 2013 年版。

宋太祖赵匡胤像

代发明的雕版印刷，在北宋中期以后，随着技术的逐渐成熟，得到较广泛的运用，提高了图书生产效率，加快了出书速度，使图书数量成倍增长，士人得书也较先前大为便易。这一切，使北宋的藏书业得到了前所未有的发展，进而促进了北宋典籍文化与全社会文化的发展。

但是，靖康之难，北宋灭亡，金人虏徽、钦二帝与皇室成员、宫女北去时，将搜括的所有金银财宝连同卤仗、图书一起运到金国，故南宋建立之初，皇室、馆阁与中央各政府机关藏书损失殆尽。但值得肯定的是，宋高宗赵构重建宋室后，坚持实施北宋太祖、太宗制定的重文政策。在南宋建立之初，由于金兵接连南侵，在一段时期内，南宋朝廷处于立足未稳、流离颠沛之中，驻跸定都何处也难以确定。在此艰难时刻，绍兴元年（1131），高宗于越州（治今浙

宋　刘松年　《秋窗读易图》

江绍兴市）始正式恢复秘书省这一机构，并于次年新建秘书省。绍兴八年以临安府为行在所（实际以临安为都城）后，于绍兴十三年（1143）动工兴建了一座集图书收藏与整理研究为一体的国家图书馆性质的新秘书省，规模之大、藏书数量之多、功能之齐备，堪称当时世界之最。在此前后，实行优待奖励措施，广开献书之路；命令各级官吏，广泛访求、征集图书。只用了半个世纪的时间，秘书省内所藏图书就恢复并超过了北宋承平时的数量，至嘉定十二年（1219）即南渡后一百年，秘书省所藏图书比北宋末年馆阁所藏多了九千九百卷，使以秘书省为主体包括皇室、中央各政府机构与地方政府在内的整个官方藏书，大大超越了北宋。

另外值得称道的是，仅在南宋建立一年多之后，建炎二年（1128）八月，宋高宗还在南逃至扬州途中，就恢复了科举考试，于是年九月"赐礼部进士李易以下四百五十一人及第、出身"。以后即使在宋金对抗最为激烈的绍兴初，也一直进行正常的科举考试，并在绍兴九年（1139）重建既是最高教育管理机构、也是国立大学并兼具国家出版社功能的国子监，使南宋的教育得到较快的恢复。除了国家太学与地方官学外，私学发展更快。以临安为例，"乡校，家塾、舍馆，书会，每一里巷，须一二所。弦诵之声，往往相闻"①，以至于时人陈傅良吟出了"人人尊孔孟，家家诵诗书"这样夸张的诗句。

正是科举与教育的恢复与快速发展，极大地增加了社会对图书的需求，直接促进了私家藏书的兴盛。经收集统计，两宋藏书数千卷以上、事迹可考或约略可考者五百余人，北宋有二百二十余人，南宋达到二百九十余人，其中藏书万卷以上的藏书家北宋有一百零三人，南宋有一百十一人，均超过北宋。而南宋全盛时期，疆域面积只有北宋的五分之三。

南宋藏书家不但人数多、收藏图书数量多，而且较之北宋，南宋藏书家收藏的范围有了进一步扩大，如有些藏书家对书画与金石收藏情有独钟。浙江大学所编传世文化工程《历代绘画大系》中的《宋画全集》中，有不少画作是经南宋藏书家收藏得以保存下来的。而由北宋欧阳修开创，其学生曾巩继之，经两宋之交赵明诚、李清照夫妇发扬的金石收藏研究，在南宋形成了不小的热潮。在南宋藏书家中，明确记载热衷于金石收藏研究的就有二十几人，其中有大藏书家叶梦得、李丙、朱熹、王厚之、周密等。王国维在总结宋代学术时说："近世学术，多发端于宋人，如金石学亦宋人所创学术之一。"故严格意义上说，金石学初创于北宋，而真正成为一门学术，是由南宋藏书家完成的。

---

① （宋）耐得翁：《都城纪胜·三教外地》，中华书局 1962 年版。

南宋藏书家对典籍文化的另一重要贡献，是继承前代藏书家优良传统，对家藏图书进行整理研究。在北宋李淑《邯郸图书志》开创私家藏书提要目录后，私家藏书创造性的整理编目活动开启，使宋代目录学的发展尤其是私家藏书目录有了历史性的突破，著名的晁公武《郡斋读书志》、陈振孙《直斋书录解题》是我国古代目录学发展史上留存下来最早的私家藏书提要目录，成为了解我国南宋中期之前图书的常用书目工具书。而尤袤《遂初堂书目》则是我国现存最早著录版本的家藏图书目录。

宋代以前，寺院收藏佛教经典主要靠手抄，到宋代才开始雕印。自开宝四年（971）宋太祖派遣张从信前往四川益都雕《大藏经》后，《大藏经》一共雕印了六次，其中二次完成于北宋，四次完成于南宋。这使南宋收藏《大藏经》的寺院大大超过北宋及前代。据学者统计，仅今浙江地区，就有十座寺院藏有《大藏经》。

与寺院所藏图书主要为佛经一样，历代道观中所藏图书也主要是道教典籍。北宋最高统治者喜好道教，特别是北宋后期的宋徽宗，册己为教主道君皇帝。北宋时，曾三次汇集道教典籍成《道藏》，并于政和四年（1114）将道书五百四十函镂板，史称《政和万寿道藏》。这是我国历史上第一部镂板的《道藏》，后又颁《御制圣济经》《御注道德经》，编撰了《道史》《道典》。

可惜的是，这些官方编集收藏于秘书省的道书、《道藏》，均毁于北宋末战火。南宋建立并在政局得到稳定之后，在都城临安重建原东京时官方宫观太乙宫等。鉴于原雕刻于福建天宁万寿观的《政和万寿道藏》已毁，特命该观将其收藏的《道藏》抄录一部，送到临安，然后朝廷又组织人员分抄了多部。或分赐给京城及各地的宫观，或由各地宫观抄录，与之前北宋时收藏的道书与《道藏》，成为南宋宫观藏书的基础。

在中国古代四大藏书系统中，书院藏书是最后形成的一个系统，而后世意义上的作为民办公助，集授徒教学、学术研究、祭祀、藏书于一体的书院，是在宋代才正式形成的。

回顾一下书院发展史。最早以书院为名的是唐代的丽正书院，它与宋代的馆阁一样是国家机构，是国家藏书、修书的处所。它虽然藏有很多图书，但属于官方藏书系统中的中央机构。在唐代中后期出现了少数以私人名义建立的书院，作为个人读书、著述处所，实为现代意义上的书房、书斋。

后世意义上的书院产生于唐末五代，初步具有教学、学术研究功能，自北宋始逐渐定型并有了较大发展。其中具有重要标志的是，在北宋初出现了对当代、后世产生重大影响的白鹿洞书院、嵩阳书院、岳麓书院、应天府书院四大书院。但这些书院主要是授徒教学的教育单位，很少有藏书，有的连儒家经典"九经"都没有，谈不上是藏书单位，而且北宋前期，书院数量不多，规模不大。直到北宋后期，随着书院数量的增加、规模的扩大，朝廷与地方政府赐书等的支持，以及书院自身加强图书建设以适应日常教学与学术研究的需要，出现了一些有一定数量藏书的书院。但总体来说，北宋书院数量不多，除了四大书院，规模一般较小，藏书有限，无法形成藏书系统。到南宋前期，书院得到较快发展，南宋中后期的宁宗朝，大小不等的书院如雨后春笋般地出现在全国各地。根据当代多位学者统计，两宋书院以数百计，而南宋大约占四分之三。南宋书院不但在数量上比北宋有了成倍的增加，而且其规模、体制也得到很大发展，还新产生了一大批有重大影响、对当时及后世文化教学事业作出重大贡献的书院。与此同时，通过书院创建者的家藏图书、地方官府与个人资助购置等，书院的藏书数量日渐增加，有的达到数千、上万卷。有的书院还自行刻印图书，除了自用外，还出售赢利。书院刻书也为后世继承、发展，所刻图书称为书院本。

至此，书院藏书才真正形成系统，与官方藏书、私家藏书、寺观藏书一起，称为中国古代四大藏书系统。

所以，我们认为，南宋藏书作为北宋藏书的延续，是在北宋藏书业高度发展的基础上的进一步发展，正式形成了中国古代藏书四大系统；并且，无论是官方藏书、私家藏书、寺观藏书，还是方兴未艾的书院藏书，都有超越前代的创新，在中国古代藏书发展史上具有里程碑式的意义。

第一章

南宋的官方藏书

文鑑序

奉天武試禮部尚書兼翰林學士兼侍讀
舊事兼備國史管城縣開國子食邑
賜紫金魚袋臣周必大奉

文盛衰主乎氣辭之工拙存乎理昔者
世人有所養而教無異習故其氣之盛
不誠物小大無不浮其理之明也如燭照
無不通國家一有殊功異德卓絕之跡
天下至於士民皆能正列其義被飾

文鑑序

張明刊

武於著誅於詩略可考已後世家異
麻令剛大之不充而委靡之冒勝道德之
非偉之說入作之弗振也崇之易窮也
其月於陸終日馳驅無以致遠搏土爲像
之而中矣取焉此豈獨學者之罪哉上
於中未至爾時不否則不泰道不晦
則文武取五代破碎之天下而混一之
汲于以垂世立教爲事
援毫者知尊周孔游談者

第一章
南宋的官方藏书

南宋国家图书馆——秘书省

1. 南宋秘书省的重建

赵宋王朝建立之初，承沿唐五代所立制度，以昭文馆、史馆、集贤院为三馆，后在宋太宗太平兴国二年（977）进行了改建，次年新馆落成，三馆共处一院，太宗亲自命名为"崇文院"，以收藏图书为主，也作为馆阁官员编撰史书及各类图书的办公场所。之后，又在崇文院内建秘阁，作为专门收藏太宗本人著述与皇室贮藏图书的处所。

神宗元丰初，对官僚机构与制度进行了一次重大改革，也就是通常所说的"元丰改制"，三馆与秘阁并入秘书省。

秘书省这一机构自东汉桓帝置秘书监负责宫中图书秘记后，至隋唐一直为内府掌管图书的机构。但宋初，"虽有秘书省职官而无秘书省图籍"，"所掌祠祭祝版而已，书籍实在三馆秘阁"。其长官秘书省监"掌图籍、国史、天文历数之事。少监为之贰，而丞参领之"①。除此，其属官大致有著作郎、秘书郎、著作佐郎、校书郎、秘书省正字等，全面负责原三馆秘阁的"掌典籍之事"。三馆秘阁并入秘

---

① （宋）王应麟：《玉海》卷一二一"元丰秘书省"条，广陵书社 2007 年版。

书省后，秘书省迁移至新建崇文院旧址。政和五年（1115）四月八日，徽宗亲临秘书省，"诏曰：'延见多士，历览藏书之府，典谟训诰与祖宗遗文皆在，又以馆天下之儒学，而屋室浅狭，上漏旁穿，若不足以容，甚非称太平右文之盛。可令书艺局重行修展，仍等第推恩支赐'……八月十二日，诏秘书省移于他所，以其地为明堂"①。这次新建的秘书省位于皇宫外端门之东南，工程浩大，历时整整五年，于宣和二年（1120）九月才建成。《麟台故事》卷一《省舍》对新秘书省有较详细的记述：

　　宣和（三）〔二年〕，新省成。棂星门东向，在景灵宫东北门少西，殿门南向，中为右文殿。殿之后为道山堂，堂之后为监、少直舍。直舍之后为著作局，局有厅，有直舍、书库吏舍，周以两庑。右文殿东庑便门之东，秘阁在焉。秘阁之后为提举官厅事，厅事之后为提举官直舍，直舍之后为编修会要所。书局旋罢，不果入。秘阁之南为丞、郎直舍，直舍之南为提举三馆秘阁官厅事，周以四庑，校、正直舍与吏舍、书库等在焉。朱碧辉焕，栋宇宏丽。上邻清都，为京城官府之冠。

　　新秘书省建成后，宣和四年（1122）三月，徽宗亲自临幸，自宰执、侍从至秘书省官员皆随从参加，举行了隆重的仪式。在此同时，建立了包括图书的收藏、保管、利用、借阅以及馆阁人员值日在内的一整套制度，并发展完善图书的征集、收藏、整理编目、校勘及编撰等图书建设政策措施。秘书省也成为现代意义上的国家图书馆。可惜的是，如此富丽宏大的新秘书省建成后，不到八年，随着开封

---

① （清）徐松：《宋会要辑稿·职官》一八之一七、一八，中华书局 1957 年版。

被金兵攻陷、北宋的灭亡而毁于一旦，它所收藏的数万册图书也几乎散毁殆尽。

南宋建立之初，由于金兵接连南侵，在较长一段时期内，南宋朝廷处于立足未稳、流离颠沛之中，驻跸定都何处也难以确定，百司机构很不健全。绍兴元年（1131），高宗驻跸越州（今浙江绍兴市），始正式恢复秘书省。绍兴二年（1132），南宋朝廷移跸临安府（建炎三年，即1129年七月杭州升为临安府）后，先临时寓于宋氏宅院，后迁至油车巷东法慧寺。在法慧寺大殿之后新建秘书省，共有房屋十余间，其中南有屋三间，作为藏书库，其余为秘书省官员官吏办公生活用房。之后，随着南宋军民对金军南侵的英勇抗击，宋金之间形成了对峙局面，政局渐趋稳定，于是，绍兴八年（1138）三月，高宗正式以临安为"行在所"，实际上定都于此。再后，随着绍兴宋金和议的签订，南宋经济、文化事业也得到较快恢复发展。南宋朝廷通过给予优厚的奖励，号召朝野臣民踊跃献书和命令官员主动访求、征集、收购图书等措施，使南宋建立之初几乎一无所有的国家藏书得到了较快的恢复。正是在南宋政局已较稳定、经济文化得到恢复发展，特别是国家图书收藏有了较大增加的情况下，绍兴十三年（1143）十二月，秘书丞严抑上书建言："本省藏祖宗国史、历代书籍，旧有右文殿、秘阁石渠及三馆四库。自渡江后，权寓法慧寺，与居民相接，深虑风火不虞，欲望重建，仰副右文之意。"高宗同意了严抑的请求，"于是建省于天井巷之东，以故殿前司寨为之"。此次修建秘书省只用了一年半时间，高宗亲自书"右文殿""秘阁"两榜，命将作监米友仁书"道山堂"榜[①]。

---

① （宋）李心传：《建炎以来系年要录》（以下简称《系年要录》）卷一五〇，中华书局1988年版。

2. 南宋秘书省的规模

新建的秘书省位于青河坊糯米仓巷西，怀庆坊北，通浙坊东，大致据北宋东京政和时秘书省而建，但规模更为宏大富丽。陈骙《南宋馆阁录》卷二《省舍》有详细记述：整个建筑群范围东西三十八步、南北二百步，除了秘书省外，还有编修会要所、国史日历所、国史院。秘书省本身建筑大致分三个部分：一是大门至道山堂，共五十七间，又分四部分，前为秘书省大门、后为右文殿、再后为秘阁、再后为道山堂。在秘阁与道山堂间有一条长五丈、宽一丈五尺的石砌水渠。在道山堂东西各有屋二间，分别由秘书监、少监居之。二是东廊，凡四十二间，为秘书省官员办公处与各书库等。三是西廊，共四十三间，亦为秘书省官员办公处与书库。编修会要所在道山堂"少监位之西"，凡十五间；国史日历所在道山堂之东，共十九间；国史院在省门内之东，有屋六十二间。在整个秘书省建筑群内，还有许多亭台池涧等点缀性的建筑，配以小桥流水、奇花异木，环境优美而宁静。通过《南宋馆阁录》带有描写性的记述可以认定，南宋新建的秘书省是一座标准的集图书收藏、管理及修史、图书编撰、校勘、刻印，和本省官员及修史、图书编撰人员办公为一体的设备齐全、条件优越的国家图书馆。

南宋秘书省作为国家图书馆，是中央政府最大的藏书机构，同时具有现代意义的档案馆性质，除了收藏经史子集各类图书、版刻外，还收藏书画、石刻、碑帖、古器物及御书御制。下表是据《南宋馆阁录》卷二《省舍》、卷三《储藏》所载，至淳熙四年（1177）止，南宋秘书省以及与之相关的编修会要所、国史日历所、国史院内各藏书书库、处所的相关情况：

	名称	位置	间数	收藏内容	备注
秘书省	秘阁		5	御札 607 轴，35 册，5 道。太上皇帝（高宗）《圣政》61 册，《日历》1002 册。御容 467 轴。御画 14 轴，1 册。人物 173 轴，1 册。鬼神 201 轴。畜兽 118 轴。山水窠石 144 轴。花竹翎毛 250 轴。屋木 11 轴。名贤墨迹 126 轴，1 册。	
	道山堂		5	中设抹绿橱，藏秘阁、四库书目。	
	御书石刻	东廊	1	高宗"右文之殿"1 座，"秘阁"1 座，《琴赋》6 段，《文赋》9 段，《千文》3 段，《神女赋》4 段，《舞赋》3 段，《古意》3 段，《史节》2 段，《养生论》2 段，《登楼赋》2 段，《高唐赋》3 段。	卷二《省舍》载高宗御书石刻"秘阁"，藏于西廊之御书石刻库。此据卷三《储藏》所载。
	御书石刻	西廊	1	高宗御书碑刻《史集帖》8 段，《乐毅论》1 段，《五色章》1 段，《跋四生图》1 段，《锦里诗》1 段。孝宗御书碑刻《今上皇帝御书光尧寿圣太上皇帝圣政序》1 座，《用人论》1 座，《春赋》1 座。	
	古器库	东廊	3	内设绿橱 3，木架 6，藏古器 418 件，砚 75，琴 7。	
	东拜阁待班所		3	绍兴十六年、十七年、十八年、二十九年、三十年暴书会及乾道七年济国公（虞允文）《群玉题名》石刻。	
	西拜阁待班所	西廊	3	《进日历题名》及绍兴十四年、十五年、二十六年、二十七年、二十八年石刻。	
	图画库	东廊	1		卷二《省舍》"图画库"下注云："图画藏秘阁。"
	秘阁书库（东库）		3	经史子集四类书 13506 卷，958 册；御前书经史子集四类 2502 卷。	秘阁书库分东西两库，表中藏书数为二库总藏书数。

续表

	名称	位置	间数	收藏内容	备注
秘书省	秘阁书库（西库）	西廊	2		
	经书库	东廊	5	库内各设绿橱7，共藏经史子集四类书 23583 卷，6512 册。	表中藏书数为各书库总藏书数。
	子书库		5		
	史书库		5		
	集书库	西廊	5		
	印本书库		3	设绿橱7，藏诸州印板本书6098卷，1721 册。	
	碑石库		2	《进日历题名》碑刻 1（校书郎石起宗书），米芾帖 18 段。	
编修会要所	印书作	编修会要所内	2	《太平广记》东府版 5000 片，新刻《馆阁录》版 154 片，《中兴书目》版 1580 片。	
	搜访库		5	经史子集图书 23145 卷，7456 册。碑刻"著作之庭"，《淳熙四年进实录题名》。	
国史日历所	国史库	国史日历所内	2	内藏日历、时政记、起居注等文字。	
	著作庭		3	内全漆书橱1，藏著作庭书目。	
国史院	旧书库	国史院内	2	不详。	

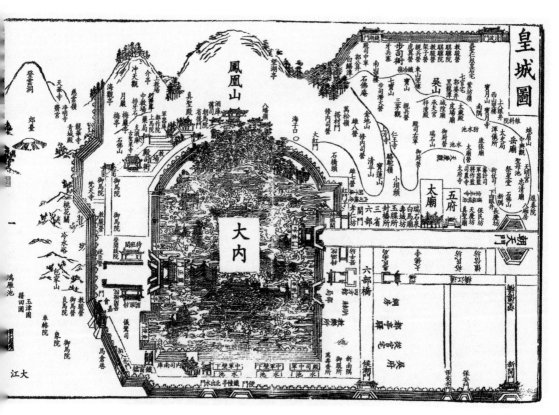

《咸淳临安志·皇城图》

　　嘉定六年（1213），在南宋秘书省建造使用整整八十年后，"以积久颓敝"，曾进行过一次较大规模的修缮，历时近二年，费钱九万余贯，"中外一新"①。

　　绍定四年（1231）九月丙戌，临安城内发生特大火灾，延烧至秘书省，仅剩著作庭与后园。于是秘书省申报朝廷拨款，进行重建。这次重建从十一月一日开始动工，自大门至殿门基址增高二尺，与官路平。次年十月毕工，用了一年时间，费钱三十五万余贯，中外鼎新，规模一如旧式。宋末，周密（1232—1298）曾进入秘书省观画，其《齐东野语》卷一四《馆阁观画》较详细地记述了当时的秘书省内殿堂、庭院、亭轩、台阁名称、位置及书画图书收藏情况，兹引录如下：

① （宋）陈骙：《南宋馆阁续录》卷二《省舍》，中华书局 1998 年版。

乙亥岁秋，秘书监丞黄恺汝济，以蓬省旬点，邀余偕行，于是具衣冠望拜右文殿，然后游道山堂。堂故米老（友仁）书扁，后以理宗御书易之。著作之庭，胡邦衡所书，曰"蓬峦"，曰"群玉堂"。堂屏，有坡翁所作竹石。相传淳熙间，南安守某人，乃取之长乐僧寺壁间，去其故土，而背施髹漆，匣以持献曾海野，曾殂后，复献韩相平原（侂胄），韩诛，簿录送官。左为"汗青轩"，轩后多古桂，两旁环石柱二。小亭曰"蓬莱"，曰"濯缨"，曰"方壶"，曰"含章"，曰"茹芝"，曰"芸香"。射亭曰"绎志"，曰"采良门"。"采良"二字，莫知所出。

登浑仪台，观铜浑仪。绍兴间内侍邵谔所为，精致特甚，色泽如银如玉。此器凡二，一留司天台，一留此以备测验。最后步石渠，登秘阁，两旁皆列庋藏先朝会要及御书画。

乙亥岁是德祐元年（1275），说明当时秘书省经绍定四年重修后，建筑设置完好，只是南宋灭亡之后，秘书省也被毁而未保存下来。

3. 南宋秘书省的机构设置和人员组成

自元丰间三馆并入秘书省后，至南宋重建秘书省，仍沿旧习，以秘书省为馆阁，而秘书省官属仍称馆职。

绍兴元年（1131）二月，复置秘书省时，定编官员名额为：秘书监或秘书少监、秘书丞各一人，著作郎、著作佐郎各一人，校书郎、秘书省正字各二人，共八人。绍兴五年（1135）八月，因大臣言，仿照唐太宗置文学馆设十八学士之制，并如祖宗故事，"诏增馆职为十八员"，既而秘书省再请增加编制，于是"命秘书郎及著作各除二员，校书郎、正字通除十二员，而少丞不与焉"①。另经、史、子、集四库与续搜访经、史、子、集四库以及秘阁上下库、御制御札名贤墨迹图画库、古器库、印本书库、印本库、碑石库，各以省吏分掌。关于南宋初秘书省建立至绍兴十三年（1143），其建置变化，生活于北南宋之交的李攸所著《宋朝事实》卷九《官职》有一总结性的记述：

> 渡江后，制作未遑。绍兴元年，始诏置秘书省，权以秘监或少监一员，丞、著作郎、佐各一员，校书、正字各二员为额。续又参酌旧制，校书郎、正字召试学士院而后命之。自是采求缺文，补缀漏逸，四库书略备。即秘书省复建史馆，以修神宗、哲宗《实录》，选本省官兼检讨、校勘，以侍从官充修撰。五年，效唐人十八学士之制，少、监、丞外，置著作郎、佐、秘书郎各二人，校书郎、正字通十二人。又移史馆于省之侧，别为一所，以增重其事。九年，诏著作局惟修日历，遇修国史、修实录，则开实录院，以正名实。

秘书省隶属机构如编修会要所、国史日历所、国史院等各有其职掌。日历所负责以宰执时政记、左右史起居注所书，会集修撰日历。在宋代，修撰国史、日历作为一种日常修史活动，除了南宋初金兵入侵与南宋末年蒙古军南下战乱时期外，从未停止过。其名称与隶属虽有变化，但大部分时候归属秘书省。南宋时日历所即设在秘书省内，故《宋史·职官志》明确称："日历所隶秘书省，以著作郎、著作佐郎掌之。以宰执时政记、左右史起居注所书会集，修撰为一代之典。"

① 《系年要录》卷九二。

会要所主要负责修撰历朝会要，除此，有太史局之印历所，印历所掌雕印历书，南渡后并同隶秘书省。据上节所述南宋秘书省的规模，编修会要所、国史日历所与原不是常设机构、绍兴初"国史、实录皆寓史馆"的国史实录院，均在秘书省内。以上这些修撰刻印图书的机构或隶属秘书省，或设置在秘书省内，主要原因，一是秘书省内有丰富的藏书可利用，二是日历、会要、国史的实际编撰者很多就是秘书省官员。这同时说明，南宋秘书省作为馆阁机构，除了是国家图书馆性质的中央藏书机构外，还是国家图书编撰中心，另外，还担负雕印历书等特殊图书的任务。

4. 南宋秘书省藏书来源与数量

南宋秘书省藏书的来源，一是继续实行优待奖励措施，广开献书之路；二是命令各级官吏广泛访求、征集图书；三是大量编撰印刻包括御集、御制、御札、史书等在内的各种图书。

继续实行优待奖励措施，广开献书之路

早在北宋时期，最高统治者就制定一系列优待奖励政策，号召朝野臣民进献图书。对于进献图书者，或给予科举出身，或直接授予官职，或赐予钱财。如据《宋会要辑稿·崇儒》记载：早在宋朝建立不久，乾德四年（966）闰八月，朝廷就下诏购佚书，这一年，三礼涉弼、三传彭翰、学究朱载皆应诏献书，总数达到一千二百二十八卷。诏赐弼等科名。太平兴国九年（984）正月又下诏，令三馆以《开元四部书目》比校，所缺者于待漏院榜示中外，臣僚之家有三馆阙书，许上之。上书达到三百卷以上者经学士院引验，如堪任官职者，与一子出身；不及三百卷者，据卷帙多少，优给金帛；如不愿纳官者，借本缮写。真宗咸平四年（1001）十一月二十七日，又诏中外士庶有收得三馆所少书籍，每纳到一卷，给千钱；如达到三百卷已上，量材录用，与出身酬奖。并令史馆抄出所少书籍名目，于待漏院张挂，及遣牒诸路转运司严行告示。此后，终北宋之世，最高统治者一直实行优待奖励措施，号召臣民积极献书，收到了很好的效果。

南宋建立之初，鉴于馆阁、皇室和中央各政府机构藏书几乎一无所有，南宋统治者继承祖宗做法，更是大力号召臣民踊跃献书，并将其作为恢复国家藏书的主要措施。对此，《宋会要辑稿·崇儒》记载：（绍兴七年）五月四日，史馆言："见阙《神宗正史》地理而下十三志及哲宗一朝纪、志、列传全书。窃见中原初复，东京及诸州旧史必有存者，望委留司，于国史院、秘书省等处检寻上件正史，如无正本，但有副本净草，或部秩不全，并差人津发前来。仍乞下臣僚之家搜访投进，降付本馆，优与推恩。"朝廷同意了史馆的请求。

据文献记载，仅宋高宗绍兴年间（1131—1162），见于记载的较大规模的献书活动就有三十余人（家）次。如绍兴元年（1131），就有多家进献家藏图书，其中进士何克忠上《太宗皇帝实录》四册、《国朝宝训》十二册、《名臣列传》二册，付秘书省，令录本进入，特与何克忠补下州文学；故右金吾上将军张楙妻王氏，以亡夫家藏六朝《实录》《会要》《国史志》等书二百二十二册来上，付秘书省，诏令礼部降度牒十道付张楙家。迪功郎明州慈溪县丞诸葛行言上家藏《国朝典训》等书万余卷，诏官其一子，特补行言兄行仁将仕郎。而后，绍兴二年（1132），贺铸之子将仕郎贺廪上家藏书籍五千卷，送秘书省，诏与本家将仕郎恩泽一名，廪令吏部入近便差遣。同年三月，故太常少卿曾旼男温夫献家藏累朝典籍二千余卷，诏并送秘书监收管，温夫与补将仕郎。绍兴五年（1135）七月，宋初功臣史珪之后僧宝月上《李卫公必胜集》《兵钤》《水镜》《武略要义》《管子》《墨子》《鬼谷子》等图书凡三十九种，诏宝月特补下州文学。这年九月，大理评事诸葛行仁献上《册府元龟》等书凡一万一千多卷，诏与本家将仕郎恩泽一名。

南宋朝廷在号召臣民献书的同时，还鼓励朝野人士进献本人与祖、父、先人或他人著作。对于进献著作者，已有官职的，给予晋级提升或物质奖励；布衣无功名者，可直接授予官职，也可免解直接参加科举考试，成为与科举、恩荫并行的一种奖掖人才、让士人进入仕途的一项政策措施。对此，晁公武的《郡斋读书志》、陈振孙的《直斋书录解题》所著录的图书中，有很多是作者本人或经他人推荐献给朝廷，经审阅而诏送馆阁或有关部门的，有的还被雕版印行。而《宋会要辑稿·崇儒》从五之一九至五之四三专列"献书升秩"一节，用了很长篇幅记录《国朝会要》（即太宗至英宗五朝）中自太平兴国八年（983）至《光宗会要》绍熙三年（1192），二百余年中一百五十余次的进献活动，进献著作二百余种。其中南宋仅高宗、孝宗两朝，《宋会要辑稿》记录的进献著作就有八十六人次、一百多种。由于今本《宋会要辑稿》非《宋会要》原本，遗漏甚多，故实际进献著作的人次、图书种类与数量当大大超过上面的数字。而据初步收集到的材料，南宋时向朝廷进献著作超过一百二十次，其中绍兴年间主要有：

建炎四年（1130）七月二十九日，宗正少卿范冲（范祖禹之子）献上其父范祖禹所著《唐鉴》《仁皇训典》《帝学》。诏给以笔札，令冲勘读投进。

绍兴元年（1131）秘书少监程俱上所编《麟台故事》五卷，诏送秘书省。

绍兴四年（1134）九月六日，史馆校勘邓名世以所著《春秋四谱》六卷、《辨论谱说》十篇、《古今姓氏书辨证》四十卷来上，赐进士出身。

绍兴五年（1135）六月，故龙图阁学士杨时家献上杨时著《三经义辨》十卷。令本家抄录投进。

绍兴九年（1139）一月，左朝奉郎新差通判阆州勾龙庭实，编类《春秋三传》《十七史》二十部，令临安府给纸札，缮写以进。

绍兴十一年（1141）六月，抚州布衣吴曾进《春秋左氏传发挥》等书，诏特与补迪功郎。

绍兴十六年（1146）九月六日，抚州布衣吴澥进《宇内辨》《历代疆域志》各十卷，《寡见论》《责实论》各二卷，《谨始论》五卷，诏与永免文解。

另如绍兴二十八年（1158）二月，郑樵进献所著《通志》二百卷。绍兴二十九年（1159），医官王继先等上《绍兴校定本草》二十二卷，令刻板修内司。

孝宗乾道年间主要有乾道三年（1167）至六年（1170），李焘进呈《续资治通鉴长编》，诏有司缮写校勘，藏于秘阁。又右修职郎、监临安府都盐仓李丙《丁未录》一百册，二百卷。还有敷文阁直学士、左通直郎、提举江州太平兴国宫胡铨上所著《〈周易〉〈周礼〉〈礼记〉〈春秋〉四经解》。

淳熙间进献著作的有吕祖谦《皇朝文鉴》一百卷、秘书监临海陈骙所著《中兴馆阁书目》三十卷。新知池州王日休所撰《九兵总要》三百四十卷，诏与转一官，添差沿海制置司议官。知台州熊克所撰《九朝通略》一百六十八卷六十册，诏特转一官，其书付秘书省。另有王称《东都事略》一百三十卷，计四十册，目录一册，付国史院，诏王称除直秘阁。

庆元间进献著作的有著名史学家徐梦莘所著《三朝北盟会编》二百五十卷，又《纲目》一册，除徐梦莘直秘阁；宰相京镗等所辑《役法撮要》一百八十九卷。

嘉定间所献重要著作有嘉定五年（1212）李心传《建炎以来系年要录》一百卷，付国史院。嘉定十三年（1220）秘书丞吴郡张攀上《馆阁续书目》三十卷。此后，宝庆二年（1226）六月，直秘阁昆山卫湜上《礼记集说》一百六十卷；端平元年（1234）真德秀上《大学衍义》四十三卷，这是留存至今对中国古代学术史有重要影响的著作。

南宋统治者继续推行奖励朝野臣民积极进献著作的做法，极大地提高了士大夫与读书人潜心学问、努力撰述的积极性，促进了文化学术事业的繁荣与发展，同时也扩大了秘书省藏书的来源、增加了馆阁藏书的数量。南宋官方藏书数量超过了北宋鼎盛时期，其中很大部分是当代人的著作。

命令各级官吏广泛访求、征集图书

在实行优待奖励措施，号召臣民献书的同时，南宋最高统治者也承沿北宋时的政策，命令中央与地方各级官吏广泛访求、征集、收购图书。

整个南宋期间，朝廷每隔一段时间就会下诏征集图书，而秘书省馆阁成员则根据本省所缺图书，奏请朝廷命中央和地方官访求征集。

据《宋会要辑稿·崇儒》载：绍兴二年（1132）十月九日，右司监（当为"谏"）刘棐上奏说：他年轻时在四川看见眉州进士杜谔收集了八十余家有关研究《春秋》的著作，在此基础上撰有研究《春秋》的新著，请求朝廷下诏命四川宣抚处置使司上其书各十部，"留之禁中，颁之经筵，赐秘书省、国子监等处"。高宗同意刘棐的意见，下诏"如有本，令津发前来"。同年十一月二十三日，秘书少监洪炎言："福州故相余深、泉州故相赵挺之，家藏国史实录善本。严州前执政

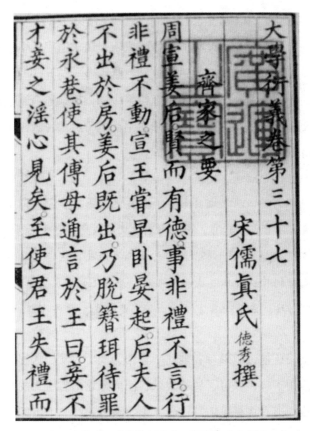

宋　真德秀　《大学衍义》　明嘉靖六年刻本

薛昂，收书亦广。太平州芜湖县僧寺寄收蔡京书籍，望下逐州谕令来上，优加恩赉。内有蔡京寄书，乞令本路转运司差官前去根取。"绍兴三年（1133）四月二十一日，右司员外郎刘岑上言："乞诏四方求遗书，以实三馆。果得异书，且应时用，则酬以厚赏。"均得到高宗同意。

不仅如此，高宗还主动过问秘书省，求遗书墨迹，如绍兴十八年（1148）六月乙卯说："四川不经兵乱，可委诸司寻访。仍令提举官每月趣之。"①今本《宋会要辑稿·崇儒》《建炎以来系年要录》《南宋馆阁录》等文献所载，类似这种臣僚所上访求遗书的奏请和南宋最高统治者诏令搜访图书投进的记载有近百条。与此同时，除了对征集投进图书人员及时奖励外，至绍兴中期，高宗还命秦桧之子秦熺和秘书省制定了一套征集、进献图书的奖赏办法（载《宋会要辑稿·崇儒》四之二八）：

如投献到晋、唐墨迹真本者，取旨优异推恩；秘阁阙书善本及二千卷者，有官人与转官，士人与永免文解或免解；不及二千卷以上者，比类增减推赏，如愿给者，总计工墨纸札，优与支给。诸路监司守臣求访到晋、唐真迹及善本书籍，应得上件赏格者，比类推赏。其投献到书籍，先下秘书省校对，如委是善本，方许收留。

此赏格还被镂版颁行各地，一直作为朝廷主动访求搜购图书的政策而沿用不辍，取得了显著效果，使南宋秘书省所无的、原北宋馆阁所藏图书大多得以恢复，还征集收藏了一些北宋馆阁没有的晋唐书画墨迹和善本书籍，在较短时期内恢复了北宋时期的藏书水平。对此，淳熙十三年（1186）九月二十五日，秘书郎莫叔光言：

国家崇建馆阁，文治最盛，太上皇帝（高宗）再造区夏，绍兴之初，已下借书分校之令，至（绍兴）十三年，诏求遗书，十六年又定献书推赏之格，图籍于是备矣。然至今又四十年，承平滋久，四方之人益以典籍为重，凡搢绅家世所藏善本，监司郡守搜访得之，往往镂板以为官书。乞诏诸路监司守臣，各以本路本郡书目解发至秘书省，听本省以《中兴馆阁书目》点对，如有未收之书，即移文本处取索，

---

① 《系年要录》卷一五七。

庶广秘府之储。①

　　莫叔光这一奏疏，总结了南宋初期几次重大的征集图书活动及其奖赏措施，说明不但中央官府借书、抄书、广求遗书，各地监司郡守亦积极搜访民间图书，锓版以为官书。而他又建议以地方官府征集锓版的图书，对照当时《中兴馆阁书目》，凡秘书省所无的，允许取索。南宋统治者正是采取这种经常性的主动征集图书的方法，使得国家藏书数目得到很快增长。据保守估算，南宋期间中央政府主动征集的图书有四万余卷，其中除了上引《宋会要辑稿·崇儒》几次重要的征集图书活动外，南宋初期秘书省等中央机构与地方政府征集到较多数量的图书，如绍兴二年（1132）二月，访闻平江府太祖贺皇后族孙、著名词人贺铸（1052—1125）之子贺廪正在出售其家所藏图书，朝廷即命守臣尽数收买，既而贺廪以家藏书籍五千卷上之。此外还有故相韩琦、前任秘书省长官洪楫与赵明诚家藏图书等。绍兴十三年（1143），高宗再次下诏诸路搜访遗书，这一年访求到越州直秘阁陆宰（陆游父）家所藏图书凡一万三千余卷。

御集、御制、御札和官方图书的编撰刻印

　　南宋秘书省作为国家图书馆兼具现代意义上的档案馆性质，藏有包括北宋各帝在内的很大数量的御集、御制、御札。其来源主要是朝野臣民进献和向臣僚征集。如绍兴二年（1132）七月，太平州芜湖进士韦许上家藏太宗皇帝御书；绍兴三年（1133）正月，闻湖州管下故执政林摅家藏有徽宗御书，开元寺有仁宗皇帝御书一大匣，道场山天圣、报本二寺各有祖宗御书，令本州守臣劝诱献纳。通过进献和征集，收集到了部分散佚的北宋各帝的御集、御制、御笔，

————————————

① 《宋会要辑稿·崇儒》四之三一。

与南宋各帝的御集、御制、御札一起成为南宋秘书省中秘阁藏书的主要来源与内容。

除此之外，南宋秘书省还收藏了朝廷组织编撰、刻印的很多图书，包括起居注、时政记这样的档案性材料；日历、实录、国史、会要在内的准史书和史书；以及诏令、制敕与礼书等。以实录为例，仅《宋史·艺文志》著录，自高宗至理宗实录就有《高宗实录》五百卷、《孝宗实录》五百卷、《光宗实录》一百卷、《宁宗实录》四百九十九册、《理宗实录》初稿一百九十册。另还藏有太上皇（高宗）《圣政》六十一册、《日历》一千零两册；《孝宗会要》三百六十八册、《总会要》二百册、《日历》二千册、《圣政》五十册；《光宗会要》一百册、《日历》三百册、《圣政》三十册；《宁宗会要》一百十五册、《日历》五百十册。仅高宗、孝宗、光宗、宁宗四朝，其《日历》《会要》就有四千多册，加上《实录》《国史》，另如《圣政》《宝训》《玉牒》等，保守估计有万册以上。

另外，南宋秘书省内还藏有数量可观的御制书画墨迹，据《玉海》卷三四《嘉定秘阁御制御札目录》载：嘉定三年（1210）"秘阁藏御制御札六百七轴、三十五册、五道。续藏六百五十二轴、十一册，挂屏扇面九十有九"。

同样，南宋朝廷在经常性、有组织地编撰图书的同时，又大力发展官方刻书、印书业，凭借其雄厚的财力、物力与其他有利条件，刻印了大量的图书，成为馆阁藏书的重要来源。宋代官方有许多机构刻书，就南宋而言，中央一级就有秘书省、国子监及刑部、礼制局、司天监等，后三者专门刻印法律、礼仪、天文历法图书，而最重要的是国子监。绍兴九年（1139）重建国子监，取旧国子监书籍镂板颁行；绍兴二十一年（1151）五月，秦桧请令国子监复刻《五经》《三

约南宋绍兴十五年刻国子监本《周易正义》

史》，高宗又令对监中所缺之书次第镂版。由是，经籍复全。至于秘书省和其他机构抄录刻印的各地进献、征集的图书和其他著作，更是无法计算。

南宋最高统治者延续北宋时期的做法，直接组织的馆阁、国子监等经常编修、刻印之图书，是秘书省自身藏书的重要来源，同时为中央政府其他机构和地方政府、学校及私人藏书提供了大量图书资源。

南宋秘书省藏书的大致数量

关于南宋秘书省在淳熙四年（1177）时藏书内容与数量，据《南宋馆阁录》卷二《省舍》、卷三《储藏》所载，合各处所藏主要分三大部分：一是各种图书，二是书画墨迹，三是古器物。其中经史子集各类图书达六万八千八百三十四卷，这一数字包括副本在内。另御制太上皇帝（高宗）《圣政》六十一册，《日历》一千零二册。

而据淳熙四年依《崇文总目》之例所编《中兴馆阁书目》著录，秘书省所藏正本图书四万四千四百八十六卷，较《崇文总目》多一万三千八百一十七卷。正如陈振孙所指出的，时"中秘所藏，视前世独无歉焉，殆且过之"①。至宁宗嘉定年间，自绍兴以来承平百载，遗书十出八九，著书立言之士益众，往往多充秘府。而据嘉定十二年（1219）所编《中兴馆阁续书目》著录，在《中兴馆阁书目》后，秘书省所藏图书新增凡七百五十二家，八百四十五部，一万四千九百四十三卷。这样，至嘉定十二年，秘书省所藏图书达到八万三千七百七十七卷，比北宋末年馆阁藏书七万三千八百七十七卷，整整多了九千九百卷。

如上所述，北宋灭亡，原有的馆阁藏书毁散殆尽，南宋建立之初，国家藏书几乎一无所有。但经绍兴到淳熙，再到嘉定，在不到一百年的时间内，南宋馆阁即秘书省的藏书数量就超过了北宋末年馆阁藏书最多的时期，增长速度之快前所未有。究其原因，是南宋最高统治者继续推行北宋太祖、太宗的重文政策，重视文化基础设施建设，广开献书之路，大力访求、征集图书，加强图书的编纂刻印，采取多种措施，扩大图书的收藏。

---

① （宋）陈振孙：《直斋书录解题》卷八 "《中兴馆阁书目》" 条，上海古籍出版社 1987 年版。

南宋皇室藏书

两宋的皇室藏书之处大致分为两类：一是分布于禁中的以北宋太清楼，南宋损斋、缉熙殿为代表的专门藏书处所以及皇帝个人读书燕息的殿阁。二是继位的君主为贮藏已故的前朝皇帝的御制御书等所撰诗文、书画手迹而专门建造的、具有现代意义上的档案馆性质的殿阁，亦称御书阁，以龙图阁、天章阁为代表。在这些档案馆性质的殿阁中，也藏有丰富的其他各类图书。

在南宋皇朝建立之初的一段时期内，由于受金兵一路南侵追赶，统治者直至绍兴元年（1131）始决定驻跸临安府，在临安城东南凤凰山原杭州州治建造皇宫。绍兴八年（1138）三月，高宗正式决定以临安为行在所，即定都临安，之后才开始大规模地建造皇宫。特别是绍兴十一年（1141）宋金订立和议后，南宋政局稳定、经济发展，有了一定的经济实力，更是加快了皇宫与各中央机构官署的建造。至绍兴二十八年（1158），南宋皇宫初具规模。之后，又经过孝宗及之后各朝诸帝扩建和改建，在凤凰山方圆九里之内，布满了金碧辉煌、巍峨壮丽的宫殿，条画规模悉与东京相等。在此同时，南宋的皇室藏书也得到恢复和发展。

1. 损斋

在南宋皇室藏书中，最为重要的藏书处所是损斋，这是宋高宗读书燕息之处。高宗直接受其父徽宗赵佶的影响，喜欢读书撰文，尤好书法。他自称生活一直十分简单，每日读书写字，清心寡欲。李心传《建炎以来朝野杂记》甲集卷一记载道：

绍兴末，上（高宗）尝作损斋，屏去玩好，置经史古书其中，以为燕坐之所。上早年谓辅臣曰："朕居宫中，自有日课。早阅章疏，

宋高宗赵构坐像

午后读《春秋》《史记》，夜读《尚书》，率以二鼓罢。尤好《左氏春秋》，每二十四日而读一过。"胡康侯进《春秋解》，上置之坐侧，甚爱重之。又悉书《六经》，刻石置首善阁下。及作损斋，上亦老矣，因自为之记，刻石以赐近臣焉。

　　很明显，高宗晚年将自己读书宴息之殿命名为"损斋"，有自我标榜"损去一切浮华、清心寡欲"的意思。损斋建成于绍兴二十八年（1158）十月，高宗不但自书"损斋"二字，在损斋建成的次月，即十一月，又出御札《损斋记》石本以赐群臣，曰："朕宫中尝辟一室，名为损斋，屏去声色玩好，置经史古书其中，朝夕燕坐。亦尝作《记》以自警。"《记》摘录如下：

> 几案间但有书史，以商略古今，尽撤无益，示不贵之化。其于荡心侈目、惑志害性者，罔不扫除；清心寡欲、省缘薄费者，奉以周焉。不则染毫弄翰，真草自如，浓淡斜行，茂密惟意，第于笔砚间有未能忘情似贤乎已。夫乾坤之道易简也，易简则天地之理得矣。传曰：器用不作，车服从给。信斯言哉！宵盱余暇，乃辟殿庐之侧，明窗静户为游息之所，欣然摭前说，榜曰损斋。朝夕清燕，视以自警，庶几损德之修，自奉养有节，式稽于训。

另《宋史》卷八五《地理志一》记南宋行在所殿堂时，亦列有"损斋"，下注云："绍兴末建，贮经史书，为（高宗）燕坐之所。"

2. 缉熙殿

南宋皇宫内另一重要的皇家藏书处所缉熙殿原为讲殿，是南宋理宗前各朝皇帝经筵开讲经史之所，于理宗绍定五年（1232）十一月始改建，次年六月竣工，所以命名"缉熙"，是据《诗经·周颂·敬之》："日就月将，学有缉熙于光明。"

关于南宋缉熙殿藏书情况，文献资料、后世公私书目多有记载。如据《四库总目提要》卷八六著录："《宝刻丛编》二十卷（河南巡抚采进本），宋陈思撰。思，临安人。所著《小字录》，前有结衔称成忠郎，缉熙殿、国史实录院、秘书省搜访。"由此可知，缉熙殿与国史实录院、秘书省一样，有专门搜访图书的任务，陈思作为南宋著名刻书家、藏书家，曾为"成忠郎，缉熙殿、国史实录院、秘书省搜访"，这进而说明缉熙殿的藏书职能。清代官府藏书目录《天禄琳琅书目》卷二《宋版史部》著录："《唐宋名贤历代确论》（二函

南宋理宗"缉熙殿宝"

二十册），一百一卷，无撰人姓名。""书中事涉宋主，皆空格，于宋讳均有缺笔，且字画刊印俱极工妙，信宋刻佳本也。每册首末有缉熙殿、文渊阁、御府、内殿诸玺，则南宋明初此书俱登中秘，后乃转入收藏家……"

　　南宋缉熙殿不但藏书数量多，且藏有许多珍本善本，除上引《唐宋名贤历代确论》一书外，宋初所编四部大书《太平御览》《太平广记》《册府元龟》《文苑英华》，前三书在北宋时都有刻本，而《文苑英华》直至南宋嘉泰（1201—1204）间才经由周必大校补后雕印，是《文苑英华》在宋代的唯一刻本。此书刻印后献于朝，入藏缉熙殿，今存世宋刻本现藏于中国国家图书馆，凡一百三十卷十三册（卷二百三十一至二百四十、二百五十一至二百六十、二百九十一至三百、六百〇一至七百）均钤有"缉熙殿书籍印""内殿文玺""御府图书"三枚南宋皇宫藏书的印章。又据《天禄琳琅书目》载，清宫中藏有宋人杨甲撰《六经图》，一函六册，"书中有缉熙殿及内殿文玺、御府图书三则，宋时已为善本，登之中秘矣"。

另外，缉熙殿还藏有很多名画与名人书法手迹。如《石渠宝笈》卷四载：清宫所藏《历朝名绘》一册，凡十六幅，其中"第二幅花卉翎毛，款署赵昌，上方有'缉熙殿宝'"。是书卷一四又载养心殿藏有五代胡瓌《番马图》一卷，"卷末有'缉熙殿上品赐王'八字，上钤'御府宝藏'一玺"；还藏有"宋马远《松泉居士图》一卷，素绢本墨画，款署马远，卷前有'缉熙殿宝'一玺[1]《石渠宝笈》卷二一还载清室重华宫贮《宋四家书集》一册，凡十幅，"第四幅行草书尺牍，后署'庭坚顿首'。幅前后俱有'缉熙殿宝'一玺"。另《石渠宝笈》卷二六载重华宫还藏有唐韩幹《猿马图》一轴，"右方上有宋徽宗书'唐韩幹笔'四字，上钤'缉熙殿宝'一玺"。同书卷三二还载清宫御书房所藏宋王希孟《千里江山图》一卷，"卷前'缉熙殿宝'一玺"；所藏五代人《浣月图》一轴，"右方上有'缉熙殿宝'一玺"；所藏宋人《富贵花狸》一轴，"左方下有'缉熙殿宝'一玺"。有关书目类似著录不胜枚举，而现存一些国宝级书画作品中，也有入藏南宋缉熙殿的明确记载。如五代巨然《雪图》现藏台北故宫博物院，画上钤有"缉熙殿宝"大印；另存世黄庭坚行书《惟清道人帖》，钤有"缉熙殿宝"；黄庭坚的小品《花气熏人》亦钤有"缉熙殿宝"。

3. 熙明殿

咸淳三年（1267）三月，度宗将原东宫新益堂改建为讲读之所，内藏图书经籍。"揭熙明以袭缉熙"，以示承袭其父理宗读书之殿"缉熙"之名，命此殿为"熙明殿"。

明徐一夔《宋行宫考》："熙明殿则度宗改东宫之益堂为之，置经籍其中以肄习焉。"据此，熙明殿作为度宗的讲经之殿，藏有经史图书。

---

[1]　《石渠宝笈》卷一四《贮养心殿五》，故宫出版社 2012 年版。

4. 皇宫内专藏御书御制、书画墨迹的殿阁

北宋第三个皇帝宋真宗赵恒即位后，为纪念父亲宋太宗，专门建造一殿阁贮藏太宗的御制御书诗文、墨迹，名为龙图阁，并置学士、直学士、侍制等职。同时，真宗还为自己建造了天章阁，作为读书休息与藏书场所。真宗去世后，仁宗将真宗的御制御书及所撰诗文、书画手迹收藏于天章阁中。自此形成制度：凡前朝皇帝去世后，继位者都会为他建一座殿阁，收藏其御制御书，也收藏其他图书、书画等。北宋时，除了龙图阁、天章阁外，还有为仁宗所建的宝文阁、为神宗所建的显谟阁、为哲宗所建的徽猷阁，一如龙图阁之制，并置学士、直学士、侍制等。北宋灭亡，这些殿阁与所藏图书、书画皆被毁。

绍兴五年（金天会十三年，1135）四月，宋徽宗客死五国城（今黑龙江依兰县）。当时，南宋朝廷暂时驻跸临安府，定都何处还未定，故无暇顾及为徽宗建阁事。

绍兴八年（1138），宋高宗将临安作为行在所，实际定都临安后，加快了原作为行宫的皇宫建设，恢复北宋在禁中建阁收藏前朝君主御制、御书的制度。在此之前，多次下诏号召朝野臣民踊跃进献图书，收集到不少前朝《实录》《会要》《国史》及其他图书，其中包括徽宗御书笔札。如绍兴三年（1133）正月，访知"湖州管下故执政林摅家有道君皇帝（徽宗）御书"，"令本州守臣劝诱献纳"；当年五月一日，承奉郎林俨又上徽宗御书、御画、御笔札共七轴[1]。

宋徽宗赵佶（1082—1135）是一昏庸的君主，在位期间重用蔡京等六贼，倡"丰亨豫大"之说，大兴花石纲，政治黑暗，民不聊生，全国上下怨声载道。又逢崛起的东北女真贵族入侵，在内外交困之

---

① 《宋会要辑稿·崇儒》四之二三。

中被迫禅位于其子赵桓即钦宗，最后与钦宗一起被金人俘掠北去，成为亡国之君，客死五国城。但是徽宗本人多才多艺，在诗词书画诸多方面都有很深的造诣，是两宋所有皇帝中文学艺术成就最高的君主，在中国古代文学艺术发展史上也有很高的地位、重大的影响。其著作就《宋史·艺文志》著录，有十四种，广涉经、史、子、集四部。徽宗客死五国城不久，消息传到临安，朝廷一方面继续广泛征集徽宗生前的著作与书画墨迹，另一方面命大臣编集徽宗的御制御集，以建阁收藏。绍兴十年（1140），徽宗的御制御集编集完成，这年五月十一日，诏特建阁，以"敷文"为名，并置学士、直学士、待制、直阁官。在这以后，对徽宗御书、御札又继续广加收集，如《系年要录》卷一四〇记载：绍兴十一年（1141）六月辛卯，"武经郎吉阳军使杨雍言，徽宗御制叙述宣和内禅事因及罪己奏天密表，真本见在万安军蔡攸子孙家。诏藏敷文阁"。同年七月戊戌，实录院进呈《徽宗皇帝实录》六十卷，自元符三年至大观四年。绍兴二十四（1154）年十月，实录院重新编类徽宗御集，整整一百卷，高宗亲自为之序，权奉安于天章阁，后藏于敷文阁和秘阁。集中凡诗百五十有五篇、词二百篇、赋一篇、序十有二篇、记十篇、碑四篇、策问九篇、文七篇、乐章三篇、挽词二十有七篇、杂文十有五篇、《诗解》九篇、《论语解》二篇、《道德经解》八篇、《南华真经解》八篇、《冲虚至德真经解》十有二篇、《广济经》十篇、《金箓科仪》二篇、政事手札千五百五十篇、边机手札二百四十有四篇[1]。

专藏宋高宗御制、御集的殿阁，称焕章阁。宋高宗赵构于绍兴三十二年（1162）六月让位于太祖七世孙赵昚，即孝宗。淳熙十四年（1187）高宗去世。次年六月二十九日，诏实录院编纂高宗御集，

---

① 《系年要录》卷一六七。

七月十一日，又诏臣僚各上高宗御札、手诏等。这年十一月，根据相关大臣议定，由尚书省报送，孝宗同意令学士院降诏，以焕章为名。

焕章阁藏有高宗御集一百卷。宋高宗爱好书法，著有《翰墨志》一卷，所得颇深，陆游《渭南集》称其"妙悟八法，留神古雅，访求法书、名画，不遗余力，清暇之燕，展玩摹拓不少怠"。王应麟《玉海》称其"初喜黄庭坚体格，后又采米芾；已而皆置不用，专意羲、献父子，手追心摹"。检索《乾道临安志》《淳祐临安志》《咸淳临安志》，南宋禁中、临安府治、西湖中各殿阁楼台和风景名胜，到处都有高宗的题词手迹，焕章阁内还藏有高宗的很多书法作品。

专藏宋孝宗御制、御集的殿阁，称华文阁。宋孝宗赵昚仿宋高宗生前退位例，于淳熙十六年（1189）二月禅位于其子赵惇，是为光宗。绍熙五年（1194）六月，孝宗崩，光宗因病不能执丧，太皇太后诏嘉王扩（即宁宗）登帝位，明年改元庆元。庆元二年（1196）五月甲午，"建华文阁，以藏孝宗御集"。

华文阁实际建于天章阁内，与北宋原诸阁及徽宗敷文阁、高宗焕章阁实为一阁。对此，《宋会要辑稿·方域》三之八载云：庆元二年八月十三日，中书门下省言："孝宗皇帝阁以'华文'为名，乞于见今阁牌'焕章'字下添入二字，以'龙图天章宝文显谟徽猷敷文焕章华文之阁'一十八字为文。本阁应行移文字，并合添入。"

宝谟阁是专藏光宗御书、御集之阁。宋光宗赵惇因体弱多病，在位仅五年多，即于绍熙五年（1194）让位于其子宁宗赵扩。庆元六年（1200）七月，光宗去世。明年，嘉泰元年（1201）二月，修《光宗实录》，十月，编光宗御集。嘉泰二年（1202）八月癸未，建宝谟阁，以藏光宗御集。《宋会要辑稿·方域》三之八：嘉泰元年十一月十二日，以吏部尚书兼实录院修撰、兼侍讲袁说友等言："已降指挥，令学士院、后省同实录院官议定光宗皇帝御集阁名,今恭议定,以'宝谟'为名。"

专藏宁宗御制、御书之阁名宝章阁。宁宗在位前后三十二年,嘉定十七年(1224)八月去世。第二年,宝庆元年(1225)十一月八日,继位的理宗下诏建藏宁宗御集之阁。宝庆二年(1226)十月,阁成,"诏宁宗御集阁以'宝章'为名"。①

显文阁,专藏理宗御制、御书之阁。景定五年(1264)十月,理宗崩,度宗赵禥即位,明年改元咸淳。咸淳元年(1265)六月乙酉,名理宗御制之阁曰"显文"。② 度宗去世(1274)后不到五年,元灭宋,故度宗及以后几个短命皇帝在其去世后,继任者都未为他们建造殿阁。

自宋太宗赵光义去世,真宗建造龙图阁收藏太宗的御制御书诗文墨迹后,新即位的皇帝为前朝君主建立专门殿阁,收藏其御书御制书画墨迹与其他图书,成为一项制度。南宋继承了这项制度,一直延续到南宋后期度宗朝。通观我国古代其他各朝各代,虽然也十分重视对皇帝生前御书御制与撰著的整理、收藏,但均没有如宋代那样为每一位皇帝设专门的殿阁来收藏其著作的,这可以说是中国古代藏书史和档案管理收藏史上前所未有的独创。

---

① 《宋史》卷三八《宁宗纪二》。

② 《宋史》卷四六《理宗本纪》。

南宋国子监大字刊本《尔雅》(台北故宫博物院藏)

南宋中央其他机构藏书

宋代中央政府官方藏书除了国家图书馆性质的馆阁外，其他不少中央机构也藏有数量可观的各种图书。兹择要述略如下。

1. 国子监

宋代的国子监既是最高的教育行政机构，负责管理国子学、太学等日常行政事务；又是国家的最高学府，就如现代的国立大学；还职掌刻印书籍公事，是国家出版社，除了自身刻印图书外，还管理全国的图书出版刻印。国子监是中央官府中最主要的藏书机构之一。

南宋国子监与北宋国子监一样，所藏图书主要是为了教学与刻印图书。南宋灭亡后，在南宋太学上建立的原西湖书院，继承了南宋国子监原有的图书书版。泰定元年（1324）所编《西湖书院重整书目》记载："凡经、史、子、集无虑二十余万（片）"，约三千七百余卷。计有：经部四十九种，约一千一百卷；史部三十五种，约一千六百卷；子部十一种，近百卷；集部二十四种，约九百卷。共一百十九种。这仅是宋末受兵火破坏后，元初西湖书记留存的南宋末国子监的图版，南宋全盛时国子监所藏版片当更高于以上数字。

南宋国子监除了藏有本监所刻印的图书外，还得到朝廷通过征集与朝野臣民进献而来的图书。如上引《宋会要辑稿·崇儒》四之二二所载：绍兴二年（1132）十月，根据右司监刘棐上言，眉州进士杜谔萃八十余家《春秋》之说而又自立说以断之，愿诏宣抚处置使司上其书各十部，除了留之禁中，颁之经筵，还赐秘书省、国子监等处。绍兴九年（1139），根据臣僚奏请"下诸道郡学取旧监本书籍镂版颁行"；绍兴二十一年（1151），高宗"旨谕辅臣曰：'监中阙书，另次第镂版，虽重有所费，不惜也.' 由是经籍复全" [①]。

除了图书与书版外，国子监还建有御书阁、石经阁，专藏高宗、孝宗与各帝御制、御书如墨迹、御书石经等。

2. 中书后省

中书后省在北宋元丰改官制前名舍人院，是中书门下的附属机构，为中书舍人、知制诰与直舍人院办公之处。由于知制诰与直舍人院掌起草诏令，需要较多的图书作参考，故也藏有一定数量的图书。元丰改制，废舍人院，改为中书后省。至南宋，均称中书后省。凡征集或各地进献的图书，有些由中书后省审阅后收藏于本省。如《宋会要辑稿·崇儒》五之三九载：淳熙六年（1179）八月，新知池州王日休上所撰《九兵总要》三百四十卷。在这之前"日休投进《九兵总要》二十卷，降付中书后省，国史院看详可采，令宁国府给札录写，以书来上"。淳熙十五年（1188）七月，前明州州学教授郑钧采摭祖宗钦天事实，裒类为书，名曰《钦天要略》，总十有二门，析为二十五卷上之，经中书后省审阅，言："看详郑钧所进《钦天要略》，编次有伦，其间评论切于事理，委有可采。"这些图书当均为中书后省收藏。另据《宋会要辑稿·职官》一四之一载，绍兴三十二年（1162）十二月（时孝宗已即位，未改元），编类圣政所详定官凌景夏、周必大奉旨编太上皇帝高宗一朝《圣政》，需建炎元年至绍兴三十二年六月间三省、枢密院《时政记》《起居注》参照。二人上奏"乞下日历所并移文谏院、后省，依年分逐旋关借或钞录"。据此，中书后省当还藏有《时政记》《起居注》等。

---

① （宋）潜说友：《咸淳临安志》卷八《行在所录·国子监》，浙江古籍出版社2012 年版。

3. 枢密院经武阁

枢密院是宋代最高军事机关，凡天下兵籍、武官选授及军师卒成之政令，悉归于枢密院，掌军国机务、兵防、边备、军政之政令，与中书门下并称"二府"。其长官枢密使、知枢密院事以文官充任，南宋时以宰相兼知枢使。与中书省的中书后省藏有图书一样，枢密院内也有专门藏书处，称经武阁。《梦粱录》卷九："枢密院后建经武阁，系藏《经武要略》之文"，理宗御书"经武之阁"四大字。宰相兼枢密使吴泳撰《御书经武阁跋记》（《鹤林集》卷三八）谓："南渡中兴，迄嘉定癸酉，创阁于本院之北，北枕胥山，南拱象阙，中以所裒书藏于金匮，则有是阁矣，而未有斯榜也。今杰阁丽宏，宝书充牣，奎翰昭揭。"由其文"今杰阁丽宏，宝书充牣"，可知经武阁中不仅收藏《经武要略》，还收藏其他图书。

4. 太常寺

宋代的太常寺是专门负责制定、研究、执行礼仪制度的机构。崇宁四年（1105）八月建大晟府，专掌乐，礼、乐始分，太常寺成为职掌朝廷礼仪的专门机构。朝廷沿袭前代的做法，不时制定、修订礼仪制度，编撰、修订礼书。在此同时，一些士大夫通过悉心研究，也编撰了大量礼书与礼学研究著作，或进献朝廷，或由朝廷征集。这些公私编修、撰写的所有礼书与礼学著作都收藏于太常寺。据记载，北宋时，官方编修的重要礼书就有十余部。

凡朝廷征集到的、朝野臣民进献的礼书与相关著作，一般都由太常寺收藏。南宋太常寺承袭北宋崇宁后制度，亦专掌礼事。南渡以后，由于北宋太常寺所藏礼书都已散佚，故在南宋建立之初，就注意收集礼书，入藏太常寺。如绍兴元年（1131）七月七日，"监行左都进奏院章效上欧阳修纂《太常因革礼》一百卷,诏降付太常寺"[1]。而据《宋会要辑稿·崇儒》四之二一载,同年十一月八日,太常少卿赵子昼等上言:本寺见阙陈祥道《礼书》《开元礼》《开宝通礼》等二十多种。"切虑臣僚之家有誊写本,许令投进。乞依昨进《会要》体例推恩。"高宗同意了赵子昼等的奏请。这条记载说明,太常寺对收藏历代礼书与礼学著作十分重视,进而说明宋代太常寺收藏礼书与礼学图书之多,因为不止北宋公私所编撰的礼书与礼学著作收藏于北宋太常寺,南宋时通过朝廷征集与朝野臣民进献而来的礼学书籍资料也都收藏于太常寺。

南宋太常寺在广泛收集北宋公私编撰的礼书与礼学著作的同时,亦继续编修了不少礼书。据《宋会要辑稿·崇儒》《系年要录》《玉海》等记载,仅朝廷组织编纂的各种重要的大型礼书就有多种。如绍兴元年(1131)十一月,太常少卿赵子昼请续编绍兴《太常因革礼》,次年编成,凡八十六篇,为二十七卷。绍兴九年(1139),太常丞梁仲敏乞续编绍兴以来因革礼,经一年完成,凡八十六篇,为二十七卷。而最重要的是淳熙七年(1180)七月,根据礼部侍郎范仲艺言,命太常寺编纂、次年编成的《中兴礼书》三百卷,总六百八十门。另嘉泰二年(1202)八月,太常寺以孝宗朝典礼续纂《中兴礼书》八十卷缴进。嘉定十一年(1218)三月,又根据礼部员外郎李琪奏请,令太常寺将庆元元年以后典礼编纂成书。《淳熙书目》仪注类六十家,定著一千二百二十三卷,始于《政和五礼新仪》,终于《仪物志》三卷、续目八家九部四十三卷。

据上所载,南宋太常寺所藏包括北宋在内的历代礼书与南宋公私编撰的礼书与礼学著作,其数量当要超过北宋太常寺所藏。

---

[1] 《宋会要辑稿·崇儒》五之三〇。

南宋太学（今杭州孔庙）

5. 宗正寺

宋代宗正寺是负责管理皇室事务的专门机构。南宋建炎三年（1129）四月，曾并入太常寺，绍兴三年（1133）六月复置太常少卿，绍兴五年（1135）闰二月复置寺。宗正寺"掌奉宗庙诸陵荐享，司宗室之籍"，"序宗派，纪族属，岁撰宗室子名以进"[1]，还"掌修纂《牒》《谱》《图》《籍》之事"。宗正寺每年要编纂《宗藩庆系录》，每三年编一次《仙源积庆图》，每十年编一次《玉牒》《属籍》《谱》，故藏有大量本寺编纂的这一类档案性图书。而为了修纂皇室宗族《录》《图》《牒》《籍》《谱》，需要很多其他图书作参考，故还藏有其他图书。

南宋延续北宋，类似于以上藏有一定数量图书的中央机构还有很多，这如同现当代中央机关、部门、单位的图书馆、资料室，是宋代中央官方藏书的一个重要方面，并与馆阁（秘书省）、皇室藏书一起形成中央官方藏书的三个子系统。

---

[1] 《宋会要辑稿·职官》二〇之一。

南宋地方官府藏书

宋代实行路、州（府军监）、县三级地方行政区划。路是由唐代的道（宋初沿袭）改制而来，路下为州或府、军、监。府之地位尊于州，多由州升；军地位略次于州，凡地势冲要，户口少不能设州者设军；监的地位又次于军。州、府、军、监下的行政建置为县（不领县的军、监属县一级）。宋代地方官府藏书包括两个方面：一是州（府）署、县署的藏书；二是州（府）、县官办学校的藏书。

1. 南宋州（府）署、县署藏书——以建康府紬书阁藏书为例

南宋地方官府藏书中的州（府）署、县署藏书，一般都是在长官办公处辟设屋宇作为贮藏图书之所。南宋时最有名的是著名文献学家、藏书家叶梦得（1077—1148）于绍兴八年（1138）第二次出任江南东路安抚大使兼知建康府时，在府治建康（今江苏南京市）建的紬书阁，用于收藏公家图书。其所撰《紬书阁记》（《石林建康集》卷四）所记建造始末略云：

> 建康承平时，号文物都会。余绍兴初为守，当大兵之后，屯戌连营，城郭郁为榛莽，无复儒衣冠盖。尝求《周易》无从得，于是凛然惧俎豆之将坠，勉营理学校，延集诸生，得军赋余缯六百万，以授学官，使刊六经。后七年，余复领留钥，市廛五方杂居，生聚之盛虽非前日比，然询汉唐诸史，尚未也。顾余老且荒废，亦安所事简策，念汉初去孔子时尚未远，一更秦乱而《书》亡五十一篇，《诗》亡六篇，《周礼·冬官》尽亡。经且如是，而况其他。屋壁之藏，幸得保有其余，至于今尚存者，学士大夫相与扶持传习之效也。今四方取向所亡散书，稍稍镂板渐多，好事者宜当分广其藏，以备万一。公厨适有羡钱二百万，不敢他费，乃用遍售经史诸书，凡得若干卷。厅事西北

隅有隙地三丈有奇，作别室，上为重屋，以远卑湿，为之藏，而著
其籍于有司。退食之暇，素习未忘，或时以展诵，因取太史公金匮
石室之意，名之曰"紬书阁"，而列其藏之目于左右。后有同志，日
增月益之，愈久当愈多，亦足风示吾僚，使知仕不可不勉于学。干
戈将息而文治兴，有民人社稷者，亦皆思读书，无重得罪于吾先君
子之言云。

叶梦得所建紬书阁在官厅之旁，为重屋，上藏图书，以远卑湿。"著
其籍于有司"，是将府中大小官员登记造册，有专职人员掌握，据登
记册进入藏书阁阅读图书；同时列藏书书目，鼓励官员对照书目捐赠
图书，使书楼藏书日积月累，愈来愈多，以此劝勉同僚、官员们多
读书学习。所以，叶梦得所建紬书阁被后世誉为"开地方公共图书
馆之先河"，而《紬书阁记》也成为研究中国古代藏书史的一篇重要
文献。

除建康府外，在南宋还有不少地方官府建阁贮书，如咸淳五年
（1269）著名学者黄震（1213—1280）所撰《广德军重建藏书阁记》
（《黄氏日抄》卷三六）中称："广德军旧有藏书阁，重建于庆元戊午
（四年，1198）。"重建的藏书阁"上崇圣经，次下乃列子史，其旁
乃置朱文公（熹）及古今名儒注解著述能行吾圣经者，以增比而附
益之"。另据《宝庆四明志》卷一二载，四明鄞县建有经纶阁，在厅
事之西边，元祐中建。建炎四年（1130）毁于兵火，绍兴二十五年
（1155）县令王烨重建，之后又多次被毁而多次重建，如淳熙四年
（1177）县令姚佑徙建于宅堂之北，宝庆二年（1226）县令薛师武又
建读书堂。经纶阁与读书堂都藏有一定数量的经史图书。

2. 南宋州（府）学、县学藏书

宋代地方官府藏书的另一类处所是州（府）学与县设立的县学，而路一级不直接设学，仅置学官管辖所属州府、县各学校。宋初，州府一级官学很少。仁宗庆历四年（1044）三月，诏天下州县立学，州（府）、县学才得以快速发展。为了教学需要，州（府）学、县学需要以儒家经典为主的各种类型的图书，而州（府）学、县学作为地方官办学校，校舍的建造、图书的购置、收藏都由当地行政机关负责，所以地方官办学校的图书属于当地官府。各地官学成立之初，一般都建有专藏图书的阁、堂、楼等。

北宋中期之前，州（府）、县学的藏书阁、楼、堂，原无统一名称，大观三年（1109）九月十八日，诏："比闻诸路州学有阁藏书，皆以经史为名。方今崇八行以迪多士，尊六经以黜百家，史何足言？应已置阁处，可赐名曰'稽古'。"[①] 于是全国州（府）学、县学藏书楼阁统一名为"稽古阁"。

南宋时沿袭这一规定，各州（府）、县学都有稽古阁，就以都城所在地临安府而言，其府学及所属县学都有稽古阁藏书。特别是随着宋金对峙局面的形成、南宋政局的稳定，各地州（府）学、县学都得以恢复重建与扩建，地方学校的藏书数量也得到较快增加，如朱熹撰《鄂州州学稽古阁记》（《朱文公文集》卷八〇）则称："鄂州州学教授许君中应既新其学之大门，而因建阁于其上，椟藏绍兴石经、两朝宸翰以为宝镇。又取板本九经、诸史、百氏之书列置其旁，不足则使人以币请于京师之学官，使其学者讨论诵说，得以餍饫而开发焉。"再如湖州州学，南宋初，图书受到很大损失，淳熙十五

---

① 《宋会要辑稿·崇儒》二之一二。

年（1188）朝奉大夫张澈知湖州后，"置书四百二十四卷，又补写不全书，合新旧书凡二百六十五部、一千四百四十八卷，司书掌之，有借以严出纳"。①

南宋州（府）、县学藏书数量，较之北宋有了很大增加，收藏内容也有了扩大，不但收藏九经、《史记》等正经正史，还收藏其他各种图书与御制御书及雕刻的图书版片、石刻等。如南宋建康府府学，上文所引叶梦得《紬书阁记》谓：绍兴初兵火过后，叶梦得初知建康府时，尝求《周易》无从得。梦得乃捐军赋余缗六百万以授学官，使刊六经。七年后叶梦得再次知建康时，又捐公厨羡钱二百万，遍售经史诸书，并建紬书阁藏之。后阁毁于火，籍与书皆不可见。至绍兴十六年（1146）高宗亲书九经及《先圣文宣王赞》刻石于国子监，首以石本赐建康，藏于府学之御书阁，而经子史集之仅存者皆附焉。景定二年（1261），留守马光祖念文籍之缺，复求国子监书全之，以惠多士。

《景定建康志》所载建康府藏图书资料目录，分石刻、图书、书版三大类。石刻分《御书石经》与《历代石刻》，所藏《御书石经之目》有：《周易》三卷、《尚书》三卷、《毛诗》四卷、《周官》一卷、《礼记》一册、《春秋经传》十五卷、《孝经》一卷、《论语》二卷、《孟子》五卷、《文宣王赞》一卷、《乐毅传》一卷、《羊祜传》一卷，共十二种，三十七卷一册。

另有真宗、仁宗、徽宗、高宗、孝宗诸帝御书、御制、御札、手诏碑刻四十六件；《秦始皇东游颂德碑》《西汉东平翅王庙记》等自秦汉以来至本朝各种碑刻三百另六种，每一碑刻均详列其名。所

---

① （宋）谈钥：《嘉泰吴兴志》卷一一《学校·州治》，浙江古籍出版社 2018 年版。

藏图书分经、史、子、理学、集等十类。其中经书之目一百七十六种，史书之目五十七种，子书之目三十二种，理学书之目二十六种，文集之目一百二十三种，图志之目十九种，类书之目十九种，字书之目十四种，法书之目八种，医书之目十三种，总数四百八十七种。另有雕版图书六十八种，版片二万一百另二片。

类似建康府这样藏书数量多而丰富的府学，在南宋还有不少。如镇江府府学所藏图书在七百六十种以上，二千三百多册；所藏书板有九十多种，达到一万八千多片。而据《景定严州续志》载，严州（治今浙江杭州建德）有敕书楼，"有经史、诗文、方书凡八十种"，所辖六县几乎每县都建有藏书楼、御书楼。

南宋初金兵南侵，明州（庆元府）州学也深受战火之害。战乱以后，绍兴七年（1137）重建州学，重修被毁的原州学藏书楼五经堂，接着又在州学中建造御书阁，收藏高宗所赐御书石经与其他御书御制。淳熙七年（1180）州学得到皇子魏王藏书四千九十二册、书画一十五轴。在历任地方官与当地乡绅、士大夫的重视、资助下，不长的时间内，州学及其藏书得以重建与快速发展。至宝庆（1225—1227）时，已升为庆元府的府学收藏的各类图书有：官书经史子集、杂书等二百二十八部，一千二百二十五册，御书、手诏七十三轴，书版三千五百另六片，计书三十种。

南宋庆元府府学不但有稽古阁、御书阁，藏有丰富的图书与书版、石刻，而且在其所属的县级地方政府也藏有一定数量的图书。如深处东海海岛的定海县（今属浙江舟山市）藏有淳熙十六年（1189）颁降的《绍兴御书》与《宝庆训敕士风御笔》十二轴，另有官书《史记》

二十四册、《两汉书》四十八册、《唐书》四十册、《通鉴要览》等[①]。
同处东海海岛的昌国县亦藏有《宝庆训敕士风御笔》十二轴,还有"官
书经、史、子、集一十八部,计一百六十九册"。[②]

[①]（宋）罗濬等：《宝庆四明志》卷一八,咸丰四年（1854）徐氏烟屿楼校本。

[②]《宝庆四明志》卷二〇。

第二章

南宋的私家藏书

大夫試禮部尚書兼翰林學士兼侍讀

太子詹事兼修國史管城縣開國子食邑

賜紫金魚袋臣周必大奉

大之盛袞主乎氣辭之工拙存乎理昔者

聖人有所養而教無異習故其氣之盛

萬物小大無不浮其理之明也如燭照

不過國家一有殊功異德卓絕之跡

天下至於士民皆能正列其義被飾

張明刊

戴於書詠於詩略可考已後世家異

大之不充而委靡之習勝道德之

衒之說入作之弗振也索之易窮也

外而中美取焉此豈獨學者之罪哉上

有於陸終日馳驅無以致遠搏土為像

時不否則不泰道不晦

今有未至焉爾

文武取五代破碎之天下而混一之

汲汲乎以垂世立教為事

朱治出於一撥毫者知尊周孔游談者

第二章
南宋的私家藏书

南宋私家藏书概述

私家藏书是中国古代四大藏书系统中继官方藏书之后形成的第二大系统，具有十分重要的地位。藏书家对传承、弘扬中国传统文化作出了巨大贡献，但汉代之前，图书都为笨重的竹木简，贮藏、携带都不方便，也不利于流通，还有成本昂贵的缣帛，成之不易，聚之亦难，故私家藏书人数不多。西汉后期以后，随着造纸术的发明及改进，加速了图书典籍的复制流通，极大地促进了私家藏书的发展。从魏晋南北朝到隋唐，图书数量成倍增长，形成了私家藏书的第一个快速发展期。至宋代，在最高统治者实施的重文政策的鼓励下，科举、教育事业获得高速发展，形成了非常浓厚的积贮、收藏图书的社会风气；又由于唐中期发明的雕版印刷技术的成熟与广泛运用，图书出版业的高度发展，给私人收藏图书提供了极大便利，进一步促进了宋代私家藏书风气的普及，使私家藏书在前代的基础上，迎来了空前繁荣的第二个快速发展期。至北宋后期，藏书家人数与前代相比有了成倍增加，藏书家所藏图书的数量也大大超过前代。

但是，北宋末年发生的靖康之难，以及南宋初的金兵南侵，在官方藏书遭到毁灭性破坏的同时，私家藏书也受到巨大损失。除了被金人直接掠夺与战火毁灭外，更多的私家藏书在士大夫弃家外逃过程中也消失殆尽。

如前所述,南宋绍兴八年（1138）以后,宋金对峙局面基本形成,而随着绍兴十一年（1141）绍兴和议的订立,宋金以淮河为界,使淮河以南尤其是长江以南在十三世纪中期蒙古军队大举南掠前,有一百二十年左右的稳定时期,经济文化得到较快的恢复发展,南宋的私家藏书得到较快的恢复,并有了超越前代的发展。

南宋私家藏书的恢复发展,首先表现在南宋藏书家人数众多,总体超过北宋。

经收集统计,两宋藏书数千卷以上、事迹可考或约略可考者五百余人,北宋有二百二十余人,而南宋达到二百九十余人,其中藏书万卷以上的藏书家北宋有一百零三人,南宋有一百十一人,均超过北宋。另外,沿袭北宋,出现了更多的承沿三代以上的藏书世家。

南宋私家藏书发展的另一表现与特点是：全社会藏书风气的普及,藏书群体扩大,藏书家身份多样化。上至王公宗室、官僚士大夫,下至一般士子庶民,都十分重视读书,重视图书收藏。而雕版印刷技术的日渐成熟与广泛运用,书多而价低,私家藏书活动也由原先的王公贵戚、官僚士大夫扩大到一般士庶。

1. 南宋藏书家成分

官僚士大夫阶层中的藏书家

与前代一样,南宋时期私家藏书活动的主体还是士大夫,其中又以官僚士大夫为主。据统计,南宋藏书家近三百人中,十之七八都为文人士大夫,这种现象的出现有历史的原因。南宋士大夫继承前代知识分子的优良传统,将读书、藏书、著书作为人生乐此不疲的追求,尤其是在重视教学、全社会文化相对普及的宋代,很多官僚士大夫更把藏书教子作为提高家族成员文化素养,进而提高整个家族社会地位的手段,因此都把藏书活动作为一种家学门风世代传承，以保持家族长盛不衰。

另外，相对而言，官僚士大夫们有一定的经济基础，有能力购置图书，又有其他图书来源，如得到朝廷赏赐、友朋赠送等，也有较充裕的时间抄录图书。在众多的官僚士大夫藏书家中，有一些读者耳熟能详的著名藏书家，如叶梦得、李清照、尤袤、晁公武、陈振孙、郑樵等，还有如王莘（一作萃）、王铚、王明清祖孙及四明楼氏家族、莆田方氏家族等。现将官僚士大夫藏书家中除上述人员外，藏书万卷以上的一些重要的藏书家列表介绍如下，以使读者对南宋官僚士大夫藏书家的基本情况有一个大致的了解。[①]

名 (生卒年) [字] 【号】	籍贯	生平仕履简历	藏书著述概述	资料来源
董逌 ［彦远］	东平（今属山东）	靖康中为国子监祭酒。建炎元年四月率诸生至南京向康王赵构劝进，除宗正少卿。二年除江东提刑，召为中书舍人，充徽猷阁待制。	所藏图书达万卷，书画亦富。所撰《藏书志》以其家藏书考书之本末而为之论说。另有《广川书跋》《画跋》《广川易学》等。	直斋书录解题 8、宋史翼 27
姜浩 （1109—1185） ［浩然］	闽县（今属福建）	建炎、绍兴间来寓四明。官至马步军副总管。姜氏当承平时，富盛京师，婚姻多后妃侯王之家，声势翕赫。重儒学。	藏书筑馆，延太学名士以训子弟。晚而退休，结庐百间，藏书万卷。	攻媿集 108 姜公墓志铭、83 祭姜总管

① 为节约篇幅，资料来源栏中，书名不标书名号，并直接用阿拉伯数字标卷数。

续表

名 (生卒年) [字] 【号】	籍贯	生平仕履简历	藏书著述概述	资料来源
朱倬 （1086－ 1163） [汉章]	闽县（今 属福建）	宣和六年进士。绍兴初荐除广东路茶盐司干官，历教授越州，忤秦桧，食祠官之禄十余年。桧死，除通判南剑州，历官侍御史，进御史中丞，迁参知政事，拜尚书右仆射。终观文殿学士，赠太师、永国公。	最嗜书，搜访古今图史不遗，家藏书数万卷，皆手自校雠。	鹤山先生大全文集74朱公（倬）神道碑
丁安议 （1097— 1151） [居中]	德清（今 属浙江）	以父任为从事郎，监吉州酒税，历淮西帅司属官，知秀州海盐县，通判韶州。爱平山川岩之胜，筑室曰蜕庐，间与宾客啸咏其上，徜徉忘归。	于教子尤力，建家塾聚书万卷，馆名士与子孙游。	苕溪集49丁居中墓志铭
李衡 （1100— 1178） [彦平]	江都（今 属江苏）	绍兴二年进士，授吴江主簿。孝宗朝，召为监察御史。历枢密院检详，出知温、婺、台三州，加直秘阁，除秘阁修撰致仕。	晚年定居昆山，结茅别墅，杖屦徜徉，聚书逾万卷，号曰"乐庵"。	宋史390李衡传
汪杞 （1106— 1198） [南美]	婺源（今 属江西）	建炎二年进士及第，授迪功郎、南康军司法参军。历知安仁、南丰、玉山县，通判肇庆府。	闲居二十年，筑室治竹石，聚书万卷，以教子弟。有诗文数十卷。	南涧甲乙稿22汪公墓志铭

续表

名 （生卒年） ［字］ 【号】	籍贯	生平仕履简历	藏书著述概述	资料来源
余良弼 ［岩起］ 【龙山】	顺昌（今属福建）	建炎二年进士，为枢密院计议官，通判漳、泉二州。历知静江府，经略广西，为边州安抚使。	一生勤学，藏书万卷。读书常写有注言，以教导子孙。著有《龙山文集》，朱熹为之作序。有《教子诗》，劝诫子珍惜年华，勤奋读书。	澹庵文集27 广东经略余公墓志铭
石邦哲 ［熙明］	越州新昌（今属浙江）	北宋著名藏书家石公弼从子。绍兴三年为大理评事，出为福建路参议。	从父石公弼藏书甚丰，后散佚。邦哲收集购置而复聚，筑藏书堂名"博古"，藏书二万余卷。	渭南文集35 朝奉大夫石公墓志铭
杜莘老 （1107—1164） ［起莘］	眉州青神（今属四川）	绍兴十年进士及第，以亲忧，免赴朝廷对，赐同进士出身，授梁山学官。历除敕令删定官，修书以十数，历监察御史，迁殿中侍御史。	好学，虽老不厌，俸禄悉以买书，所蓄几万卷，有文集二十卷《集论语解》十卷，《显仁礼仪》三卷。	琬琰集删存2 杜御史莘老行状
李石 （1108—？） ［知几］ 【方舟】	资州（今四川资阳）	绍兴二十一年进士，调成都户掾，召为太学博士。被罢，负琴书径登舟还蜀，太学之士数百诀送。除成都学官，历知黎州、合州、眉州。	有诗自称："我集四库书，琬琰藏洛河。此外有石经，参酌正舜讹。熟读懋汝学，师友相切磋。"又云："送客涪水上，我家珠水湄。……堂堂万卷书，乐此簿领卑。"著有《方舟集》《方舟易学》《续博物志》等。	方舟集1 送浩偗成都学官、送吴道明推官并问赵庄叔何公礼兄弟

续表

名 （生卒年） [字] 【号】	籍贯	生平仕履简历	藏书著述概述	资料来源
李焘 （1115—1184） [仁甫，一字子真] 【巽岩】	眉州丹棱（今属四川）	绍兴八年进士。历官雅州军事推官，知双流县、荣州，乾道中迁秘书少监兼权起居舍人。淳熙中，拜礼部侍郎，进敷文阁学士，同修国史。	性无嗜好，惟潜心经史，所至求奥篇隐帙，传录雠校，虽阴阳、小说亦无遗者，家藏积数万卷。仿司马光《资治通鉴》之例，采北宋九朝事迹，成《续资治通鉴长编》，网罗收拾垂四十年，缀葺穿联逾一千卷。另著有《易学》《春秋学》《四朝史稿》《通论》《南北攻守录》《历代宰相年表》等数十种。	周益公大全集、李焘神道碑
王正己 （1118—1196） [正之，改字伯仁] 【酌古居士】	鄞县（今属浙江）	历官将仕郎、丰城县主簿，婺州司法参军，知江阴军、饶州、湖州，广南西路转运判官兼提举盐事，除直宝文阁秘阁修撰、太府卿，两浙西路提点刑狱。	幼警悟，长益嗜书史。藏书至二万卷，手抄为多。以酌古名其堂。诗文似其为人，少嗜山谷诗，造诣已深，为紫微王公洋所击赏。晚又以杜甫、苏轼为标准。范成大见其诗，喑曰：不惟把降幡，殆将焚笔砚矣。	攻媿集99朝议大夫秘阁修撰致仕王公（正己）墓志铭
赵粹中 （1123—1187） [叔达]	密州（今山东诸城）	绍兴二十四年进士。主张锐意恢复北方失地，深得孝宗器重，由秘书郎权起居郎，迁给事中，除吏部侍郎。后以待制知池州。曾上书罢王安石父子从祀，雪岳飞冤。	晚年藏书万卷，手不停披览。有文集十卷、奏议二卷、《梅堂杂志》五卷、史评五卷。又集司马光、范镇等奏议。	攻媿集98赵公神道碑

续表

名（生卒年）[字]【号】	籍贯	生平仕履简历	藏书著述概述	资料来源
程大昌（1123—1195）[泰之]	徽州休宁（今属安徽）	绍兴二十一年进士，除太平州教授。孝宗朝，为著作佐郎，迁国子司业兼权礼部侍郎、直学士院。累迁至权吏部尚书，出知泉州、建宁府。光宗嗣位，徙知明州。绍熙五年，以龙图阁学士致仕。谥文简。	好蓄书，藏书数万卷，有园在湖州府城城东，名程氏园，于园中建楼藏之。笃学博洽，于古今事靡不考究，尤长于考订名物典故。著述宏富，有《演繁露》《禹贡论》《易原》《诗论》《雍录》《易老通言》《考古编》《北边备对》等。	宋史 433 程大昌传、癸辛杂识前集
刘仪凤（1126—1192）[韶美]	普州（今四川安岳）	绍兴二年进士，恬于仕途，擢第十年，始赴调。尉遂宁府之蓬溪，监资州资阳县酒税，为果州、荣州掾。历迁秘书丞、礼部员外郎，寻兼国史院编修官兼权秘书少监。乾道元年，迁兵部侍郎兼侍讲。归蜀后复起知汉州、果州，罢归。	苦学不倦，尤工于诗。所入俸，以半储书，凡万余卷。御史张之纲曾论其录四库书以传私室。	宋史 389 刘仪凤传
徐梦莘（1126—1207）[商老]	临江军清江（今属江西）	绍兴二十四年进士，历官郁林州司户参军，南安军教授，知湘阴县，广南西路转运司主管文字，知宾州。官至直秘阁。	家有万书阁，签帙甚整。收集野史及其他文书二百余家，为编年之体，名《三朝北盟会编》。自政和七年海上之盟迄逆亮之毙，上下四十五载间，具列事实，制敕诏诰，国书奏疏，记序碑志之文，有正史所不及载者，搜摭无遗。另撰有《读书记忘》等书。	攻媿集 108 直秘阁徐公（梦莘）墓志铭

续表

名 (生卒年) [字] 【号】	籍贯	生平仕履简历	藏书著述概述	资料来源
闻人滋 [茂德]	嘉禾（今浙江嘉兴）	官德兴丞，至进贤令。曾与陆游同为敕令所删定官。	精于小学，人称"老儒"。家多蓄书至万卷，贮于"南湖草堂"中，并乐于借人。自言作门客牙，充书籍行，开豆腐羹店。	老学庵笔记1
王淮 （1127—1190） [季海]	婺州金华（今属浙江）	绍兴十五年进士，为台州临海尉，孝宗初为右正言。历太常少卿，中书舍人兼直学士院，迁翰林学士知制诰，淳熙二年除端明殿学士，签书枢密院事，进同知枢密院兼参政，八年，拜右丞相，旋迁左相。	冲澹寡欲，自奉至薄，外物无所好，一意笃学。聚书数万卷，无所不观，虽机务业委，退坐静室，饮食亦不释卷，夜则使子弟读而听之。制诰尤有体要，一时文学之士皆出衡鉴。	攻媿集87鲁国公致仕赠太师王公（淮）行状
莫汲 [子及] 【月河】	湖州归安（今浙江湖州）	绍兴十八年进士，曾为国子监正，左从政郎，因言论秦桧党获罪，被贬化州知府，乾道元年五月，擢枢密院编修官。	藏书之富，不下数万余卷，后皆散失无遗。	万姓统谱120、齐东野语12
史正志 [志道] 【乐闲居士、柳溪钓翁】	丹阳（赋籍扬州江都）	绍兴二十一年进士，历徽州歙县尉，差监行在省仓上界，除枢密院编修官，历知建康府、成都府，改除江浙、京湖、淮广、福建诸路都发运使。后归姑苏以终老。	奉祠家居，治圃所居之南，藏书至数万卷，建有万卷堂。著有《建康志》《菊谱》等书。	嘉定镇江志19

续表

名 （生卒年） ［字］ 【号】	籍贯	生平仕履简历	藏书著述概述	资料来源
张钢 （1134—1201） ［德坚、绍祖］	吉州永新（今属江西）	淳熙八年进士，初以迪功郎主荆门军长林主簿，历静江府司户，广州右司理参军，常德府教授，知静州永平县，通判福州兼西外宗正丞等。	迤次于乡，日与亲宾享山水园林之乐。藏书逾万卷。尝编类《皇朝列圣孝治》，自帝后逮臣民傍及藩侯蛮夷总一百卷表上之，另有《横江丛集》七十卷藏于家。	周文忠公集74郴州张使君（钢）墓志铭
曾震 （1135—1193） ［东老］ （原名恬，原字禹任、伯贡） 【群玉隐居】	吉水（今属江西）	官德庆府端溪县主簿、广州司户参军。	藏书数万卷，又得欧阳氏故书数千卷阁以庋之，终日徜徉其间，虽阴阳卜筮、天官地理、浮屠老子之说，无不综贯。喜为诗，平淡简古，深得陈黄句法。于书字画遒劲，人比虞褚云。	诚斋集130端溪主簿曾东老墓志铭
潘景宪 （1137—1190） ［叔度］	金华（今属浙江）	隆兴元年进士，调荆门军学教授，不行，请为南岳祠官，秩满，力请太平州学教授。父丧，服除遂不复仕。官至承事郎。	与吕祖谦同年而齿长，游吕氏之门，诵《诗》读《书》，旁贯史氏，靡不该览，考订搜辑，铅黄朱墨未尝去手。尤尽心于程氏之《易》。好收异书，聚书近万卷，筑室"可庵"以藏，且为朋友讲习之所。	晦庵集93承事郎致仕潘公墓志铭
沈瀛 ［子寿］ 【竹斋】	吴兴归安（今浙江湖州市）	绍兴三十年进士。历官江州守、江东安抚司参议。	藏书之富，不下数万余卷，后皆散失。有《竹斋词》《沈子寿文集》。	齐东野语12
何恪 ［茂恭］	义乌（今属浙江）	绍兴三十年进士，官永新县主簿，徽州录事参军，未上任。	性好古，藏书至万卷，博览而工于文，著有《南湖集》二十卷。	金华先民传7

续表

名 （生卒年） ［字］ 【号】	籍贯	生平仕履简历	藏书著述概述	资料来源
朱钦则 ［敬父、 敬之］	邵武（今 属福建）	乾道八年进士，历除 秘书丞，监察御史。	虽为儒者，然每恓然 自以歉，益务藏书。 以栖于架、藏于椟为 未足，又筑楼于第中， 以示尊阁传后之意。 网罗图书不倦，至万 卷，名万卷楼。是楼 三面环山，"烟岚云 岫，洲渚林薄，更相 映发"。	渭南文集 21 万卷楼 记
楼钥 （1137— 1213） ［大防、 启伯］ 【攻媿主 人】	明州鄞县 （今属浙 江）	隆兴元年进士，试教 官，调温州教授。光 宗继位，升为起居郎 兼中书舍人。宁宗 朝，以不肯依附韩侂 胄，出知婺州，移知 宁国府。后家居十三 年，读书授徒。侂胄诛， 起为翰林学士，官至 同知枢密院事、参知 政事，卒赠少师，谥 宣献。	性喜藏书，筑东楼于 月湖畔。凡精椠著本、 刻本、抄本，必一一 收藏，亲手校雠。历 几十年之聚集，藏书 逾万卷，与史守之并 号"南楼北史"。营 度累岁，丛古今群书 于其上，而类奇石于 前。	絜斋集 11 楼公 （钥）行 状
倪思 （1147— 1220） ［正甫］ 【齐斋】	归安（今 属浙江湖 州市）	乾道二年进士，又中 博学宏词科。累迁秘 书郎，除著作郎兼翰 林权直，曾任礼部侍 郎、兵部尚书、礼部 尚书等职。历仕孝宗、 光宗、宁宗三朝。力 主抗金，反对乞和， 以直谏著称。	博学多才，著作宏富， 有《齐山甲乙稿》《兼 山集》《经锄堂杂志》 等数十卷。藏书之富 最为著名，多达数万 卷。	鹤山先生 大全文集 85、齐东 野语 12

续表

名 (生卒年) [字] 【号】	籍贯	生平仕履简历	藏书著述概述	资料来源
黄荦 （1151—1211） [子迈]	分宁（今江西修水）	以父郊恩补将仕郎，授龙泉簿，摄县事。以接伴使使金，除直显谟阁，两浙转运判官、副使，淮南转运副使兼提刑，加秘阁修撰。	生平不治产业，惟法书、名画、古器物是好。家藏书万余卷，纵观博采。诗律字体，祖述山谷，而时出新意，自成一家。有杂著二十卷，《介轩诗词》三十卷。	絜斋集14黄公行状
郭叔谊 （1155—1233） [幼才] 【肖舟老人】	广都（今四川双流）	庆元元年赐同进士出身，授迪功郎，监成部钱引务，辟东川签书判官，历知青城县，通判简州、泸州。	筑室藏书万卷，皆手所校雠。撰有杂著八十卷、《肖舟诗稿》二十卷等多种著述。	鹤山先生大全文集83郭君叔谊墓志铭
程珌 （1164—1242） [怀古] 【洺水遗民】	休宁（今属安徽）	绍熙四年进士，授昌化主簿，改知富阳县。累官礼部尚书、翰林学士、知制诰。以端明殿学士致仕，赠特进、少师。	多蓄书，自称四十年游宦有图书"三万轴峥嵘"，建万卷堂贮之。有《洺水集》传世。	洺水集19万卷堂上梁文
杨泰之 （1169—1230） [叔正] 【克斋】	眉州青神（今属四川）	初以郊恩补官，庆元元年类试，明年调泸川县尉。历知严道县、普州、果州。理宗朝迁军器少监、大理少卿，出知重庆府。	家故藏书数万卷，多手自校雠。所著书有《克斋文集》《论语解》《老子解》《春秋列国事目》等数十卷，皆手自编缀。	鹤山先生大全文集81杨公墓志铭
洪咨夔 （1176—1236） [舜俞] 【平斋】	於潜（今浙江杭州临安）	嘉定二年进士，授如皋主簿，寻试为饶州教授，又通判成都府。历官监察御史、刑部尚书、翰林学士知制诰。	宝庆元年，自考功郎言事罢归於潜，读书天目山下宝福僧寺。合新故书得一万三千卷，藏之闻复阁下，如李氏庐山故事。著有《春秋说》《平斋文集》《两汉诏令揽抄》等。	宋史406洪咨夔传、鹤山先生大全集49洪氏天目山房记

续表

名 (生卒年) [字] 【号】	籍贯	生平仕履简历	藏书著述概述	资料来源
岳珂 (1183— 1243） [肃之] 【亦斋、 倦翁】	相州汤阴 (今属河 南）	岳飞之孙，岳霖之子。 嘉定十年，出知嘉兴， 定居府西北金佗坊。 历江南东路转运判官， 除军器监、淮东总领。 官至户部侍郎、淮东 总领兼制置使。	富藏书，家有图书 三万余卷，兼刻书。 著作宏富，撰有《金 佗粹编·续编》《刊正 九经三传沿革例》《桯 史》《愧郯录》《宝真 斋法书赞》《玉楮集》 等。	宋史365 岳珂传、 桐江续集 25
王应麟 (1223— 1296）[伯 厚]【深 宁居士】	鄞县（今 属浙江）	淳祐元年进士，宝祐 四年复中博学宏词科， 历官太常寺主簿、通 判台州，召为秘书监、 权中书舍人，知徽州、 礼部尚书兼给事中等。	其父王㧑以不中词科 为耻，广借典籍供应 麟兄弟抄读，故家有 图书甚富。后两兄弟 俱中词科。理宗曾御 书"汲古传忠"赐其 父，应麟遂以汲古堂 名其藏书楼。熟悉掌 故制度，长于考证。 著有《困学纪闻》《玉 海》《诗考》《诗地理 考》《汉书艺文志考 证》《玉堂类稿》《深 宁集》等。	宋史438 王应麟传
邹斌 [俊甫、 隽父]	临川（今 江西抚 州）	嘉定四年进士。历官 安府司户参军、耒阳县 丞，以奉议郎致仕。	博记敏识，匾所居曰 "南堂"，聚书万卷， 好学不倦，学者称"南 堂先生"，著有《南 堂稿》，不传。	宋元学案 77
张大训 [学古]	鄱阳（今 江西鄱 阳）	以父补初品官，嘉定 元年知松滋县，通判 夔州，改知辰州。	藏书数万卷，自经子 百氏以及天文星历、 山经地乘、伎巧医卜 之事，靡不究悉。	鹤山先生 大全文集 86张君墓 志铭

宗室成员

赵宋王朝自建立以后，推行重文重教国策，历朝皇帝大都好学重文，亲自督促对皇子及近亲宗子的教学，并设立宗学，专门对宗子进行文化教育。但北宋初，"宗学废置无常，凡诸王属尊者，立小学于其宫。其子孙自八岁至十四岁皆入学，日诵二十字"。南宋建立后，延续了北宋的设宗学传统，绍兴十四年（1144）建宗学于临安，"生员额百人：大学生五十人，小学生四十人，职事各五人。置诸王宫大、小学教授一员。在学者皆南宫、北宅子孙，若亲贤宅近属，则别选馆职教授"①。多次鼓励宗子读书进取。由于从小就受到良好的正规教学，宋代皇族宗子普遍具有较高的文化水平，所谓"袭儒冠之盛，固不乏人"②，他们中的不少人在经学、文学、史学及绘画、书法等领域都有很高的造诣，作出了较大的贡献，并养成了刻苦读书学习，"雅爱图书之习"。加上作为皇室宗子，物质条件相对优裕，又多能得到朝廷赐书，所以积聚书籍远较常人为易。在中国古代藏书家中，皇室诸王宗族收藏图书数量最富者，当首推宋代。据统计，宋代宗室藏书家多达三四十人，主要活动在南宋的有赵不独，赵不迁，赵善应、赵汝愚父子，赵师龙，赵希弁，赵希瀞，赵与懃等十四人，其中十一人有明确的藏书事迹记载，而尤以赵善应、赵汝愚父子所藏为多。现将南宋赵氏宗室藏书情况列表略述如下：

---

① 《宋史》卷一五七《选举三》。

② （宋）綦崇礼：《北海集》卷九，文渊阁《四库全书》本。

名 (生卒年) [字] 【号】	世系	生平简历	藏书著述情况	资料出处
赵子昼 (1089— 1142) [叔问]	太祖六世 孙，燕王 五世孙。	建炎四年，迁吏部员 外郎。寻迁尚书左司 员外郎。试太常少卿， 后除权礼部侍郎、知 秀州。既而奉祠以归， 寓于衢。	少警敏强记，工书翰。 蓄书近万卷，多所亲 校。集《太常因革礼》 80篇，为27卷。	书史会要 6
赵不迂 [晋臣]	太宗六世 孙。	铅山人，直敷文阁。	绍熙庆元间，见乡邑 藏书甚少，阅书极难， 乃广收图籍，建一藏 书楼，庋书数万卷， 供生员就读。	江西通志 40
赵不独 (1106— 1176) [彦亲]	太宗六世 孙，濮安 懿王四世 孙。	历官左班殿直、成忠 郎、建康府兵马都监、 吉林兵马钤辖。	晚年既息戎马，易以 诗书，群居燕闲，黄 冠野服，投壶弈棋， 一觞一咏，市书充栋， 用训子弟。	诚斋集 127钤辖 赵公墓志 铭
赵善应 (1118— 1177) [彦远] 【幸庵】	太宗七世 孙，汝愚 父。	居余干。自建炎初补 承信郎，迁至修武郎， 历监秀州崇德、饶州 余干、安仁县景德镇 酒税。	好读书，所藏至3万 卷。著有《唐书遗录》 30卷、《幸庵见闻录》 2卷、《台州劝谕婚葬 文》1卷。	朱文公文 集92笃 行赵君彦 远墓碣铭
赵彦逾 (1130— 1207) [德先]	魏悼王七 世孙，崇 简国公叔 寓曾孙。	鄞县人。绍兴三十年 进士。授象山主簿， 累迁至工部尚书。宁 宗即位，擢四川安抚 制置使兼知成都府， 出知庆元府。嘉泰间 知明州，兼沿海制置 使。卒赠太师、吉国公。	建三层楼，中层藏书， 人谓赵大资重楼。楼 钥有诗赞云："插架 三万牙签重，此身愿 为书蠹虫。"	攻媿集4
赵师龙 (1142— 1193) [舜臣]	太祖九世 孙。	余姚人。官武进知县， 擢知温州。	食不重味，衣无华采， 藏书外无他嗜好。尝 采史传治乱成败之迹 为《博古摘华》30卷， 有诗几千篇。	攻媿集 102赵公 墓志铭

续表

名（生卒年）［字］【号】	世系	生平简历	藏书著述情况	资料出处
赵汝愚（1140—1196）	太宗八世孙。	乾道二年进士第一，签书宁国军节度判官。历迁集英殿修撰，知福州。宁宗朝，官拜右丞相，后为韩侂胄排挤，谪宁远军节度副使，途中病卒。	父祖有藏书3万卷，至汝愚藏书5万卷，终身不失。	宋蜀文辑存74忠定赵公墓志铭
赵希弁［君锡］	太祖九世孙。	袁州（今江西宜春）人。历除秘书省校勘书籍。	博学好古，家中累三世藏书，典籍甚富。淳祐九年（1249）应袁州知州黎安朝之嘱，对其家所藏书目与《晁公武郡斋读书志》"参校，删其重复，摭所未有，益为附志1卷"。	四库全书总目85、729
赵希瀞［无垢］	太祖九世孙，子昼玄孙。	少苦学强记。嘉定十年进士，历永丰尉、淮西提举、直秘阁，进直龙图阁学士。	楼钥称其持身清洁，服用朴素，及解麾钺，惟书万卷自随。	后村先生大全集155赵公墓志铭
赵与懃【兰坡，一作菊坡】	太祖十世孙，希怿子。	嘉熙二年进士，居处州青田，后徙居湖州。历知临安府，进右文殿编撰。	精鉴赏，富收藏。善临摹古画，颇能乱真。亦工墨竹。所藏书画不下千本，名卷多至三百，其目著录于《云烟过眼录》。	云烟过眼录3
赵孟坚（1199—1295）［子固］【彝斋居士】	太祖十一世孙。	湖州人。初以父荫入仕。宝庆二年（1226）中进士，历集贤殿修撰，朝散大夫、知严州。	修雅博识，善笔札，工诗文，酷嗜法书。多藏三代以来金石名迹，遇其会意时，虽倾囊易之而不靳也。	齐东野语19

另如太祖七世孙伯骕（1124—1182），字希远，伯驹之弟，少从高宗于康邸，以文艺侍左右。历官浙江安抚司干官、和州防御使等职。

周必大所撰神道碑称其："博洽酝籍，长于歌诗心画，取法晋唐，助游戏于丹青，食客常满座，罗列书画弓刀自娱，而无声色之奉。"惜无收藏图书、书画的具体记载。

一般庶民士子

南宋藏书家中，还有为数不少家道殷实、有较强经济实力的未仕的士子，以藏书教子与读书著述自娱。也有虽贫苦但嗜书如命，一生以读书、著书为业的隐居士子。据粗略统计，南宋有明确记载的这一类藏书家有五十余人，兹择要列表简单介绍如下：

姓名（生卒年）[字]【号】	籍贯	生平简历	藏书情况	资料出处
刘冕（1072—1145）[端甫]	吉州安福（今属江西）	家世以力田自晦，至父时资产益厚，遂为里中右族。试于有司被遗，因选胜地，种竹开轩，自号竹林逸翁。	蓄书数千卷，曰："以此遗子孙足矣！"	樯溪居士集12刘端甫墓志铭
刘茂实（1079—1156）[元弼]	吉州安福（今属江西）	家富饶，幼时与王庭珪同从师受业，试不中即弃去，不复进取。好吟咏。	结茅屋秀峰之下，曰远庵筠亭，藏书万卷，日哦其间。	《卢溪文集》43故刘元弼墓志铭
诸葛行仁	会稽（今浙江绍兴）		家富藏书，绍兴五年（1135）六月建秘书省，诏求天下遗书。献家藏书籍万一千五百卷。	《建炎以来系年要录》93
王翊（1092—1173）[南鹏]	庐陵（今江西吉安）	早游庠校有声，射科未就而逢靖康之乱，遂归隐故山，凡四十年。	归隐后，倾其家市万卷书，辟馆百楹，爱诲子弟。	诚斋集127王南鹏墓志铭

续表

姓名 (生卒年) [字] 【号】	籍贯	生平简历	藏书情况	资料出处
杨芾 [1096— 1164][文 卿]【南 溪居士】	庐陵（今 江西吉 安）	杨万里父，三世业白，尤邃易学。自舍法行，三抵有司不逢，则隐吉水之南溪。家无田，授业以教，暇则教子。	岁入束脩之资，以钱计者才二万，橐鬻太穀，忍饥寒以市书，积十年得数千卷。	胡澹庵先生文集25杨君文卿墓志铭
夏侯绎	分宜（今 属江西）	祖、父皆不仕，子世珍弱不好弄，从群儿邀习弦诵之声。	市书万卷，博延师儒以教其子。	诚斋集129夏侯世珍墓志铭
周侁 （1101— 1162） [正父]	会稽嵊县 （今属浙 江）	沉毅有智略，自曾祖至父世以力田殖其家，至侁而滋大。参知政事沈与求奏，授承信郎，监婺州永康县酒税，不赴。而独喜命儒以教子。	除治舍馆，捐重币迎宾师，市书数千卷。朝吟夜诵，文采灿然。	鸿庆居士集36周府君墓志铭
李彦华 （1112— 1192） [仲实] [藏修先 生]	崇仁（今 属江西）	受书于严拙翁，共欧阳澈、吴澥为友。年三十，筑室山中，以"藏修"名堂，隐居乐道凡五十有余年。	家故藏书至万余轴，矻矻晨夜，鉥心刿目。	鹤山先生大全文集79藏修先生李公墓铭
周煇 （1126— 1198以 后） [昭礼]	钱塘（今 属浙江杭 州）	邦彦子，绍熙间居钱塘清波门，嗜学工文，隐居不仕。著有《清波杂志》12卷、《北辕录》。	好收藏图书，达几万卷。	清波杂志·张贵谟序

续表

姓名（生卒年）［字］【号】	籍贯	生平简历	藏书情况	资料出处
高元之（1142—1197）［端叔］	蒙城（今属安徽）	五上礼部，卒不第。从傅伯成、程迥学，尤邃于《春秋》。前后集《春秋》说凡三百余家，订其指归，删其不合者，会粹为一书，号《义宗》，一百五十卷。	性嗜书，家藏数千卷，手自点勘，宝之如珠玉。遇所未见，解衣辍餐，不计其直。	攻媿集103高端叔墓志铭
陈昞（1145—1197）［叔明］	临海（今属浙江）	生于世儒之家，勤学深思。易惑难统，众所忽忽而必尽力。经义词赋，兼其二而工。	载籍累万卷。	水心集25陈处士姚夫人墓志铭
陈晋斋（1215—1298）（失名，晋斋为其号）	平阳（今属浙江）	文献世家。淳祐九年，荐于乡。景定二年，再荐，黜礼部。始谢举子业。其学通经济而不局于章句，其文根义理而不衒于葩藻。	藏书数千卷，与季弟节庵，丹铅手勘，永夜诵悟。自类旧稿若干卷。	霁山文集5陈公墓志铭
李琥（？—1214）［次琮］	崇仁（今属江西）	李彦华子。自幼通大义，不以章句为能，然性颖悟，援笔成文。	家储书万余卷，皆父手泽。口诵心惟，自道德性命之奥，名物度数之详，象纬山河之广，靡不究极。	鹤山先生大全文集79李次琮墓志铭
葛自得（1149—1215）［资深］	山阴（今浙江绍兴）	世儒家，兼通数术，喜为方。	蓄书千卷，皆父祖手笔。	水心集25宋葛君墓志铭
刘侠（1152—1215）［允叔］【雪堂】	宁海（今属浙江）	曾为黄陂县主簿，世乱隐归，著作丰富，后人将其遗著收集编成《黄陂集》若干卷。	于香岩山北构"阆风吟堂"藏书万卷，皆手自编辑。	嘉定赤城志34

续表

姓名（生卒年）［字］【号】	籍贯	生平简历	藏书情况	资料出处
姜夔（约1155—1221）［尧章］【白石道人】	鄱阳（今江西鄱阳）	布衣终身。与范成大、杨万里、辛弃疾等时相过从。工诗词、善书法又精通音律，能自度曲。有《白石道人诗集》襟期洒落，如晋宋间人《诗说》等。	图史翰墨之藏，充栋汗牛。	藏一话腴甲集卷下
胡谊（1159—1232）［正之］【观省佚翁】	奉化（今属浙江）	曾祖嵩、祖仁、父宗葬俱不仕。少从袁甫父学。自以不与时偶，亦不仕。	晚岁建聚书楼。匾曰"观省"，自号观省佚翁，且作记曰："青嶂当前，翠竹在侧，展卷与圣贤对语，优哉游哉。"	蒙斋集17胡君墓志铭
方审权（1180—1264）［立之］【听蛙】	莆田（今属福建）	数百年文献故家，少抱奇志，从伯父镐仕湖，及归，慨然罢举。博古通今，能诗。有《真窖》《听蛙》二集。	家积书甚富，环居有田数亩，曰："吾读此耕此，足了一生矣。"	后村先生大全集161方隐君墓志铭
陈起［宗之、宗子、彦才］【陈道人、芸居】	钱塘（今浙江杭州）	宁宗时乡试第一，后居杭城钱塘棚北大街睦亲坊，开书肆陈宅经籍铺。与刘克庄、叶绍翁等诗界名流交好甚密，著《芸居乙稿》。	藏书丰富，建有"芸居楼"，所藏书多达数万卷。	书林清话2
罗晋（1196—1266）［晋伯］	进贤（今属江西）	以亲老，罢科举，专以训子娱亲为乐。	即所居东偏万竹中作楼，蓄书万卷，取昌黎诗语匾曰"经训古心"，江万里为之记。	后村先生大全集164罗晋伯墓志铭
罗敬夫	庐陵（今属江西）	自长者长吉始，聘师友辟斋房训子弟，垂五十年，未有闻。敬夫幼丧父，失所怙。	避俗入山，筑楼丛书，匾以"万卷"。	诚斋集76罗氏万卷楼记

续表

姓名 （生卒年） [字] 【号】	籍贯	生平简历	藏书情况	资料出处
王柏 （1197— 1274）[会 之]【长 啸、鲁斋】	金华（今 属浙江）	从何基学，以教授为 业，曾受聘主丽泽、 上蔡等书院。著有《诗 疑》《书疑》《诗文集 甲寅稿》等，大多已 佚。	藏书万卷，且将之分 类编目，成《鲁斋清 风录》15卷。	鲁斋集9
吴伸 [子直]	南城（今 属江西）	与弟吴伦具受学于包 显道。淳熙间，孝宗 颁朱熹所建社仓法于 天下，伸兄弟俩应诏 建社仓，朱熹为之记。	以钱百万创为大楼， 储书数千卷，会友朋， 教子弟。朱熹为书"书 楼"二字。陆游为之 撰《吴氏书楼记》。	渭南文集 21
吴豫 （1209— 1281） [正甫]	宁国（今 属江西）	不仕，取豳《七月》 之诗于禾稼间筑场圃， 以自老于家。	建三层楼以娱宾客， 丞相程元凤为书其匾， 曰"与漫汗期"，为 堂曰"延芳"，储书 万余卷。	桐江集8 场圃处士 吴公墓志 铭
许棐 （？— 1249） [忱夫] 【梅屋】	海盐（今 属浙江）	嘉熙中，隐居秦溪。 不乐仕宦，安于清贫， 潜心于学，所著有《献 丑集》《梅屋诗稿》《融 春小缀》《梅屋第三 稿》《第四稿》《梅屋 诗余》《樵谈》等。	购买、抄录书籍数千 卷，藏书甚富。	两宋名贤 小集290
杨汇 [源澈]	成都（今 属四川）	隐逸不仕。于朝廷故 实、学士大夫谱牒皆 能通贯，杜门委巷， 著书赋诗。	藏书万签，古今石刻 过六一堂中《集古录》 所有者。	邵氏闻见 后录22
詹廷坚 [朝弼]	婺源（今 浙江金华 市）	幼颖异，从诸老游， 根源伊洛，不为科举 之习，每曰："正心诚 意，吾性所当尽也； 修身齐家，吾身所当 践也。科举可为吾累 乎？"晚年徙居姑苏 惠山梁溪。	据先人之庐，建楼聚 书至万卷，日与其上， 手不停披。王炎为其 匾曰"静胜"，程珌 为之记。	洺水集 10詹君墓 志铭、洺 水集7静 胜楼记

续表

姓名 （生卒年） ［字］ 【号】	籍贯	生平简历	藏书情况	资料出处
张瑞 ［文英］	鄞县（今属浙江宁波市）	两经荐辟，以母老力辞。	筑甬州书庄，聚书万卷，与子孙耕习其中。	鄞县志31张文英传
郑若冲 ［季真］ 【梦溪】	鄞县（今属浙江）	宰相清之父，少失怙恃，育于伯父章。稍长，力学，耻与举子语，与同里汪大猷、陈居仁、楼钥相善。后三人既贵显，未曾一造其门。	自置书塾，聚书数千卷，延师训子，虽卧病不废书。尝书壁自警云："一日不以古今浇胸次，览镜则面目可憎。"	浙江通志190、成化四明郡志
江西刘氏	庐陵（今江西吉安）	教授乡里，为士子师。	有藏书室"勤有堂"。楼钥《寄题江西刘氏勤有堂》诗称其："万书插架非关我，一卷入心方属君。"	养吾斋集18刘氏勤有堂记、攻媿集11
贺良叔	庐陵（今江西吉安）	宋末元初人，生于衣冠之家，善治生，有田岁入稻万石，岁恶则出以赈饥者。晚归旧隐，治花竹，号小桃源，年七十终。	资质方严，好读书，尤邃史学，蓄书万卷，延名师教子。	安雅堂集7东斋记

2. 收藏范围扩大，内容丰富，各具特色

南宋私家藏书对图书典籍的收藏范围在北宋的基础上有了进一步扩大，不但内容丰富，而且各具特色。其中一些藏书数量达数万卷的大藏书家所藏图书就更加广泛，涉及经、史、子、集各部，而很多藏书家所藏图书都各有特点。如历仕高宗、孝宗、光宗、宁宗四朝，官至广南西路提点刑狱的王正功（1133—1203），"性嗜学，多录未见之书。唐诸帝实录略备，今写本及版行者各万余卷"。魏了

翁为宁宗朝知辰州的张大训所撰墓志铭称张大训"藏书数万卷","自经子百氏以及天文星历、山经地乘、伎巧医卜之事,靡不究悉,又多蓄前言往行,隐书秘牒,凡世所罕见"。太宗朝官拜参知政事的苏易简九世孙苏振文,"落落不偶,聚书数万卷,圣经贤传、山经地志、私乘野史以至虞初稗官旁行敷落之书,靡不搜罗"。叶梦得(1077—1148)藏书注重实用而求精,其藏书中"自六经、诸史与诸子之善者,通有三千余卷",每年通读一遍。他还注意搜取有价值的不常见之书。如南唐徐锴(901—947)所著《说文系传》一书,南宋初就已不多见,而三馆所藏已"一半断烂不可读"。大藏书家、目录学家尤袤"爱其博洽而不可得",最后才辗转借阅到叶梦得收藏的从苏颂处得到的本子。而尤袤本人"藏书至多,法书尤富"[1]。另据《宋会要辑稿·崇儒》四之二七记载,"绍兴十五年十一月三日,秘书省言,忠训郎张抡授献书籍五十一种,并系本省见阙数目"。可知张抡家藏图书都是稀罕图书,连国家图书馆秘书省都没有。另外,有的藏书家还根据个人的兴趣爱好,专门收藏某一方面的图书,如周密《齐东野语》卷一二《书籍之厄》称:"至如秀岩(李心传)、东窗(李道传)、凤山(李性传)三李,高氏,牟氏皆蜀人,号为史家,所藏僻书尤多。"再如丹徒人孙大成(1140—1211),少多病,遇术士授以丹药,一服而愈,故好聚方书。

南宋藏书家们各具特色、各有爱好和侧重的图书收藏,很好地起到了互相补充、拾遗补缺的作用,也丰富了图书收藏的品种,不

---

① 以上参见(宋)楼钥:《攻媿集》卷一〇〇《朝请大夫致仕王君墓志铭》,民国《四部丛刊》本;(宋)魏了翁:《鹤山先生大全文集》卷八四《苏伯起振文墓志铭》,北京图书馆出版社 2004 年版;《文献通考》卷一七四《经籍考一》引《过庭录》,中华书局 2011 年版;(南唐)徐锴:《说文解字系传·附录》,中华书局 1987 年版;(宋)陈振孙:《直斋书录解题》卷八。

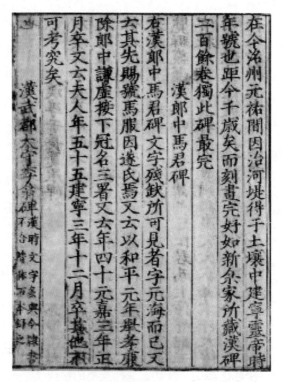

中国国家图书馆藏宋刊本《金石录》书影

但促进了私家藏书的普及发展，也极大地补充、丰富了宋代中央、地方的官府藏书。宋代藏书家除了收藏图书外，还喜欢收藏书画。到了南宋，藏书家们书画收藏的热情更为高涨，久盛不衰。如洪皓（1088—1155）藏书甚富，"书无所不读，虽食不释卷，稗官小说亦暗诵数千言"，善识别古彝器，"见书画不计直必得之乃已。有书万余卷，名画数百卷"[1]。杨樗年（1132—1205），"喜为诗，好古书名画及他雅玩，愿售者争归之，酬之必过其直。家居建宝经堂，储书万卷"[2]。福建仙游籍嘉泰进士余日华，嗜诗史，工文翰，所居撷英阁藏书万

① （宋）洪适：《盘洲文集》卷七四《先君述》，北京图书馆出版社 2004 年版。

② （宋）刘宰：《漫塘文集》卷三三《杨提举行述》，吴兴刘氏嘉业堂刊本。

卷，法书名画参错其间。而嘉熙间曾知临安府的宗室赵与懃，精鉴赏，富收藏，善临摹古画，颇能乱真。亦工墨竹，所藏书画不下千本，名卷多至三百。另刘克庄《跋方一轩诸贴》载：如福建莆田著名方氏藏书家族中方楷，"他无所好，惟酷嗜古文奇字，闻有一善碑，一真迹，必高价访求，不得不止，所收为吾里诸故家之冠。而北碑尤多，自石鼓、峄山、诅楚，至隋唐残碣断刻，一一妆饰而笈藏之。积至六百余卷，日增而未已"。在南宋藏书家中类似的收藏书画者还大有人在，今天，我们仍能看到宋代乃至宋代以前的不少书画作品，南宋藏书家功不可没。

如果说宋代藏书家在收藏图书的同时十分注意收藏书画，并蔚然成风，但还不是宋代藏书家们的"发明"的话，那么，对金石碑刻资料收藏研究并由此形成一新的专门学问金石学，则是宋代藏书家们的"发明"，开创者是大名鼎鼎的欧阳修。欧阳修酷爱收藏金石铭文，达一千卷之多，又命其子选择重要的编成《集古录》一书，载录了上自周秦、下迄五代的铜器铭文和碑版拓本跋尾凡四百余篇。后来，欧阳修学生曾巩亦集古篆刻为《金石录》五百卷；赵明诚李清照夫妇收藏的金石碑刻则多达二千卷，著《金石录》三十卷。南宋藏书家中也出现了不少金石收藏家，如大藏书家叶梦得好藏三代秦汉间遗器，至南渡前所藏各种碑就有千余帙，著有《金石类考》五十卷。还有洪适集汉魏间碑为《隶释续》，凡四十八卷；李丙类其所有，起夏后氏至五季，著于录者亦千卷，号《博古图》。另如据邵博《邵氏闻见后录》卷二二载：成都布衣杨汇"藏书万签，古今石刻本过六一堂（欧阳修）中《集古录》所有者"。史载王安石之弟、哲宗朝尚书左丞王安礼四世孙王厚之（1131—1204），字顺伯，"好古博雅，富藏先代彝器及金石刻，与尤袤俱以博古知名于时。尝取古今碑刻参订而详著之,号《复斋金石录》"[1],"著有《金石录》三十卷、《考异》四卷、《考古印章》四卷,题跋周宣王石鼓文后,考订秦惠王《诅楚文》,精鉴绝识,刻画深浅笺辨无遗,识者赏其博雅"[2]。其他如绍兴九年(1139)任川陕宣抚使、对抗金事业作出很大贡献的名臣胡世将(1085—1142),好古博雅,有《资古绍志录》,仿《集古录》。朱熹(1130—1200)从小就好古金石文字,家贫不能有其书,但刻意搜寻,绍兴二十六年(1156)年二十七时,已积至数十种。周密(1232—1299)家藏图书四万二千余卷,三代以来金石之刻一千五百余种。

以上诸多材料、事例反映出的南宋士大夫们承继北宋对金石收藏、研究的热情,说明宋代私家藏书的普及发展不仅表现在藏书家人数、收藏图书数量的大幅度增加上,而且其收藏的范围也有了扩大。从一般的图书发展到还有书画、古器物、金石碑刻资料,并用此考证名物掌故、人物事件,开辟了一条了解、研究社会历史的新途径。这是宋代藏书家们对保留、弘扬中华民族优秀文化遗产作出的重大贡献。

---

① (宋)张淏等:《宝庆会稽续志》卷五《人物》,中华书局 2023 年版。

② 雍正《浙江通志》卷一八〇《人物六》,中华书局 2001 年版。

南宋私家藏书的来源

南宋私家藏书的来源，主要有购置、抄录、刻印及得到朝廷赏赐、友朋赠与等。

1. 购买所得

由于雕版印刷发展到南宋已十分成熟，使图书生产更趋商品化，形成了官刻、私刻、坊刻三大系统。对于刻书用途，书肆所刻不言而喻，主要是为了出售牟利；就是官府刻书，上至朝廷国子监、下至地方官府，以及私人所刻图书，除了自用与自藏外，其所刻图书很大部分都是对外出售的，并能获得丰厚的利润。对此叶德辉《书林清话》卷六《宋监本书许人自印并定价出售》谓：

宋时国子监板，例许士人纳纸墨钱自印。凡官刻书，亦有定价出售。今北宋本《说文解字》后有"雍熙三年中书门下牒徐铉等新校定《说文解字》"牒文，有"其书宜付史馆，仍令国子监雕为印板，依九经书例，许人纳纸墨钱收赎"等语。南宋刻林钺《汉隽》，有淳熙十年杨王休记后云："象山县学《汉隽》，每部二册，见卖钱六百文足，印造用纸一百六十幅，碧纸二幅，赁板钱一百文足，工墨装背钱一百六十文足。"又题云："善本锓木，储之县庠，且藉工墨盈余，为养士之助。"见《天禄琳琅后编》四。淳熙三年，舒州公使库刻本州军州兼管内劝农营田屯田事曾种《大易粹言》，牒文云："今具《大易粹言》壹部，计贰拾册，合用纸数印造工墨钱下项，纸副耗共壹仟叁百张，装背饶青纸叁拾张，背青白纸叁拾张，棕墨糊药印背匠工食等钱共壹贯伍百文足，赁板钱壹贯贰百文足。库本印造见成出卖，每部价钱捌贯文足。右具如前。淳熙三年正月日雕造所贴司胡至和具。"此牒在本书前。吾曾见宋刻原本……

据此，淳熙年间象山县学刊印《汉隽》，每部二册，"印造用纸一百六十幅，碧纸二幅，赁板钱一百文足，工墨装背钱一百六十文足"，成本二百六十文足，"见卖钱六百文足"，利润有三百四十文。另叶德辉还罗列了多部南宋官方、书肆雕刻图书，出售获取利润的情况。如绍兴十七年（1147）黄州雕造王禹偁《小畜集》，一部八册，成本一贯一百三十六文足，现成出卖，每部价钱伍贯文省，每部利润有三贯八百六十四文。由此可见，当时图书出版行业利润还是很可观的，高额利润的刺激也使官府和商人都乐意从事这一新兴行业。南宋的临安、建阳、成都等地书肆林立，印本充斥，书多价廉，故直接花钱购买，成为私家聚书最主要也最为便捷的方式。

在南宋藏书家中，就有以购置图书为藏书主要来源的。如杜莘老（1107—1164），字起莘，眉州青神人。绍兴十年（1140）进士及第，以亲忧，免赴朝廷对，赐同进士出身，授梁山学官，历官殿中侍御史。好学，虽老不厌，俸禄悉以买书，所蓄几万卷。周密《齐东野语》卷一九载宗室赵孟坚（1199—1295）"多藏三代以来金石名迹，遇其会意时，虽倾囊易之而不靳也"。著名爱国诗人、越中藏书三大家之一的陆游曾经在四川做官，离开时不带一件物品，只满载蜀地之书而归。仙游人朱元飞，字希实，做官三十年，不置办产业，所得俸禄都用来买书，每部书都买三本，分留给三个儿子。南宋另一位著名藏书家刘仪凤的藏书也主要以俸禄购置而来，《宋史》卷三八九云："仪凤在朝十年，每归即匿其车骑，扃其门户，客至，无亲疏皆不得见，政府累月始一上谒，人尤其傲，奉入，半以储书，凡万余卷，国史录无遗者。"仙游人郑可复，嘉定七年（1214）登进士第，官仅至朝奉郎，"性俭朴，嗜书"，"禄俸余资悉以市书""捐金购书如恐失之。

晚年家藏几数千卷"。①而杨万里《石泉寺经藏记》云："下泳萧民望，甚贤而喜士，尤嗜蓄书，发粟散廪而饗飧《六经》，捐金抵璧而珠玉百氏。每鬻书者持一书至，必倍其估以取之，不可则三之，又不可则五之，必取乃已。蓄之多而不厌，老而不衰也。"据此，萧民望家境当十分富有，故能不计代价购置图书。而更多的藏书家，即使薪俸微薄、生活清贫，也节衣缩食，购书藏书不辍。如林硕（1132—1206），字兴祖，四明人。楼钥《攻媿集》卷一〇七《林府君墓志铭》谓其"俭不苟费，倾赀买书，手不停披，万卷有余"。杨万里之父杨芾（1096—1164），家无田，授业以教，暇则教子。岁入束脩之资，以钱计者才二万，橐鬻太觳，忍饥寒以市书，积十年得数千卷。林师点（1140—1214），字咏道，号竹村居士。吴子良所撰《四朝布衣竹村林君墓表》（《赤城集》卷一六）称林师点"酷嗜书，质衣贷家具，购书至几千卷，名帖亦数千卷"。福建莆田著名藏书家方阜鸣（1157—1228），字子默，嘉定元年（1208）进士。官金书平海军节度判官厅公事，兼南外宗簿，复金书镇南军节度判官厅公事。他为官清廉，生活俭朴，却拿出钱十万市坊书。周密《齐东野语》卷一二《书籍之厄》称其父尤酷嗜图书，"至鬻负郭之田以供笔札之用。冥搜极讨，不惮劳费"。

此类例子在南宋藏书家中不胜枚举，郑刚中（1088—1154）所作《自笑》诗云：

> 他人将钱买田园，尚患生财不神速。
>
> 我今贷钱买僻书，方且贪多怀不足。
>
> 较量缓急堪倒置，安得瓶中有储粟？
>
> 自笑自笑笑我愚，笑罢顽然取书读。

---

① （宋）黄岩孙：《仙溪志》卷四《宋人物》，福建人民出版社1989年版。

南宋末江湖派诗人许棐在《梅屋书目·序》中云：

予贫喜书，书积千余卷，今倍之，未足也。肆有新刊，知无不市。人有奇编，见无不录。故环室皆书也。或曰："嗜书好货，钧为一贪。贪书而饥，不如贪货而饱；贪书而劳，不若贪货而逸。人生不百年，何自苦如此？"答曰："今人予不知之。自古不义而富者，书中略可考也，竟何如哉？予少安于贫，壮乐于贫，老忘于贫。人不鄙夷予之贫，鬼不揶揄予之贫，书之赐也。如彼百年，何乐之有哉？"

郑刚中、许棐的自嘲、自我调侃，正是一些贫苦的士大夫节衣缩食，不惜典质衣物、变卖田地甚至借贷以购书、藏书、读书的真实生活写照。

2. 抄录所得

南宋时，印本已经广泛流通，但就历代留存下来的图书而言，还是以抄本为主，刻本所占比例不高。有些图书没有刻本，只能辗转抄录。而且相比购买图书，抄录成本较低，特别对于贫苦知识分子，只需要纸笔与时间，且抄录图书的过程也是更仔细的读书过程。所以，抄录依旧是私家积聚图书的重要途径与方法。如：陈长方（1108—1148），字齐之，闽县人。少孤，杜门安贫，刻意学问，榜所居曰"唯室"，学者称唯室先生。绍兴八年（1138）擢进士第，调太平州芜湖尉，授江阴军学教授。一生著述宏富，有文集十四卷，《春秋私记》三十二篇，《尚书讲义》五卷，《两汉论》十卷，《步里谈录》二卷，《辨道论》一卷。胡百能《唯室集》卷五《附录·陈唯室先生行状》称其："于经史无所不读，家贫不能置书，假借手抄几数千卷。"

北南宋之交的大藏书家叶梦得就喜欢抄书、重视抄书。抄书不辍，成为他早期累积图书与读书做学问的重要途径。其《避暑录话》卷一自称旧藏的三万余卷图书中，"往往多余手自抄之"[①]，其中一重要来源是从苏颂处假借传抄所得。苏颂（1020—1101），字子容，泉州同安（今属福建）人，官至尚书右仆射兼中书侍郎，是北宋著名藏书家。绍圣四年（1097），苏颂自维扬拜中太一宫使归丹阳乡里，时叶梦得刚考中进士后为丹徒尉，与苏颂相识，并得以向苏颂"假借传写"所藏图书，"其所传写之书遂为叶氏藏书之祖"。对此，叶梦得"每对士大夫言亲炙之幸"。关于叶梦得与苏颂相交，向苏颂假借传写图书事，见于《嘉定镇江志》（卷二〇）等书，在叶梦得著作中也有提及。如《石林燕语》卷一〇记载：

> 宋元宪公（庠）尝问苏魏公（颂）：徐锴与铉，学问该洽略相同，而世独称铉，何也？魏公言：锴仕江南，早死。铉得归本朝，士大夫从其学者众。余顷从苏借《系传》，苏语及此。亦自志于《系传》末。

南宋另一大藏书家陈振孙的很大一部分藏书也来自抄录。周密《齐东野语》卷一二谓："近年唯直斋陈氏书最多，盖尝仕于莆，传录夹漈郑氏、方氏、林氏、吴氏旧书至五万一千一百八十余卷。"《直斋书录解题》中不少解题下载有作者如何抄录得到此书的经过，可与周密之语相佐证，足见陈振孙藏书之富、抄书之勤。

陆游的藏书除了一部分购自他在四川任职期间外，其余也是通过抄录而来。当时临川藏书家有王、韩、晁、曾诸家，陆游曾向他们借书，传抄颇多，《剑南诗稿》卷一二《抄书》一诗就写了当时传抄图书的情况：

---

① （宋）叶梦得：《避暑录话》卷一，山东人民出版社 2018 年版。

书生习气重，见书喜欲狂。

搰蘖潢刾藤，辛苦补散亡。

且作短檠伴，未暇名山藏。

故家借签帙，旧友饷朱黄。

（自注：借书于王、韩、晁、曾诸家。而吕周辅、宇文子友，近寄朱黄墨。）

《皇坟》探《八索》，奇字穷《三苍》。

储积山崇崇，探求海茫茫。

一笑语儿子，此是却老方。

　　晚年，陆游精力衰退，无法亲自抄书，还命幼子陆子聿代抄，其《跋陆子强家书》（《渭南文集》卷二九）云："吾友伯政持其先君子《家问》来"，"乃命子聿钞一通，置箧中，时览观焉。嘉泰壬戌十月二十三日，宗人某书"。另如周煇《清波杂志》卷四自云："煇手钞书，前后隐居，遗失亦多。"①王明清《挥麈录后录》卷七云："先人（王铚）南渡后，所至穷力抄录，亦有书几万卷。"另有鄞县人王正己（1118—1196），字正之，号酌古居士，历知江阴军、饶州、湖州，两浙西路提点刑狱等，藏书至二万卷，手抄为多，以"酌古"名其堂。

　　南宋以抄书、聚书最为著名的藏书家，是中兴四大诗人之一的尤袤（1127—1194）与宋末官至签书枢密院事兼参知政事的高斯得。尤袤字延之，杨万里《益斋藏书目序》（《诚斋集》卷七八）载云："延之于书靡不观，观书靡不记"，"每退，则闭户谢客，日计手抄若干古书。其子弟亦抄书，不惟延之手抄而已也；其诸女亦抄书，不惟子弟抄书而已也"。杨万里序中还载尤袤之言："吾所抄书，今若干卷，将汇而目之，饥读之以当肉，寒读之以当裘，孤寂而读之以当友朋，幽

---

① （宋）周煇：《清波杂志》卷四，中华书局1994年版。

尤袤像

忧而读之以当金石琴瑟也。"尤袤这种身体力行，带领子弟甚至诸女"日计手抄若干古书"的抄书、读书活动，成为他一生乐此不疲的最大爱好，也是他聚积、收藏图书的主要方式，从而使他成为宋代最著名的藏书家与文献目录学家。

高斯得，被周密《齐东野语》卷一二誉为"所藏僻书尤多"，这些"僻书"完全是靠抄录累积而成。他一生抄书不辍，不但抄僻书，还通过抄书的方式更认真地读书，同时累积图书，扩大自己的藏书。其所作《闲中读书次第》（《耻堂文集》卷七）诗记录了当时抄书的情形：

紫阳礼编甫尽卷，亟赏《通典》平生愿。

增损温公鉴目成，要把二岩书贯穿。

夜灯览彻六一文，眉山钜集思重见。

七书卷帙二千余，加我三年当阅遍。

尔来两目渐眵昏，一一手抄宁敢倦。

固知衰颓力不胜，其奈嗜好顽难变。

又恐贪多或溺心，闭合时烧香一篆。①

此诗作于高斯得晚年，诗中，高斯得决定将篇幅达二千余卷的《通典》等七部书用三年时间边阅读边抄录一遍。虽然"尔来两目渐眵昏"，但是"一一手抄宁敢倦"；而"固知衰颓力不胜，其奈嗜好顽难变"。诗人自知精力衰退，怎奈对图书抄录、收藏是自己最大的嗜好乃至"顽疾"，无法改变。为了避免"贪多""溺心"，只好烧香一篆，以控制时间。

在南宋藏书家中，有不少曾在秘书省任职，这为他们抄录三馆藏书提供了便利。杨万里《诚斋集》卷二二有《省中直舍因敲新竹怀周元吉》诗一首，云："老眼逢书怯细看，抄书一事更应难。昨携如意敲新箨，右臂朝来作许酸。"作者在孝宗淳熙间与光宗初年，曾两次入秘书省为秘书少监与秘书监，这首诗记述了他晚年在秘书省轮值抄书的情景。

魏了翁的藏书中也有一部分是他在担任秘书省正字与校书郎时，抄录的秘书省中所藏图书。他自述云："家故有书，某又得秘书之富而传录焉。"开禧元年（1205），魏了翁以武学博士对策，谏开边事，

---

① （宋）高斯得：《耻堂存稿》卷七，民国《丛书集成初编》本。

被劾狂妄,改秘书省正字。明年,迁校书郎,所谓"得秘书之富而传录"即在此期间。

再如绍定元年(1228)官拜参知政事的袁韶(字彦淳)的藏书,也有抄自秘书省内的图书。袁韶之孙、元代著名藏书家袁桷(1266—1327)《袁氏旧书目序》(《清客居士集》卷二二)记其家藏图书云:"袁氏旧书之存于今者也,始曾大父越公(袁韶)举进士时,贫不能得书,书多手抄强记","后官中都,凡二十有五年,乃务置书,以偿宿昔所志,其世所未有,则从中秘书及故家传录以归,于是书始备矣"。据此可知,袁韶在淳熙十四年(1187)进士及第之前,家贫,无余钱购书,只能默记后抄下。其后入仕为官,在担任临安府尹时,"乃务置书",搜罗图籍,以偿夙愿。而市场上搜罗不到的图书,除了从其他藏书家处抄录外,也从秘书省传录收藏。

南宋藏书家们除了自己亲自抄书外,还出资雇人抄录,如莆田藏书家方崧卿,居官三十年,"所得俸禄,半为抄书之费"。另大藏书家井度"常以俸之半传录"。

据上述可知,南宋时,几乎所有的藏书家都抄录过书,其中不少人借抄的书数以千计,甚至万计。有源自公藏,有抄自私家;有财者雇抄,无钱者伏案躬录。抄录图书费时费力,长期致力斯役,非常艰辛,但藏书家们依旧千方百计,孜孜以求。他们通过抄书,复制出更多的副本,丰富了藏书品种,扩大了藏书数量,还使许多秘籍得以保存下来,避免了亡佚。

3. 刻印所得

自北宋中期开始,随着雕版印刷技术的成熟与逐渐得到广泛运用,藏书家们比前代藏书家多了一条图书来源的渠道,即通过刻印获得图书。

宋代的私人刻书，在神宗熙宁年间（1068—1077）放松了刻书禁令后，发展较快。初时以刻印正经、正史为主，次及诸子与百家文集，以后逐渐发展到医书、农书等其他图书。南渡之后，私家刻书风气更加兴盛，其原因与目的也不尽相同。经济实力较强的官僚士大夫，主要为传播学术文化；有的世宦大族和世儒之家子孙，为了光耀门庭，刻印祖、父家集；也有的主要是出于牟利而经营刻书业。自北宋中期之后至南宋，涌现出数以千百计的私人刻书家，其中不乏一些藏书家，上述又是书商、刻书家，又是藏书家的陈起等自不必说，另如著名的藏书世家晁氏家族就兼刻书。据《邵亭知见传本书目》卷一一著录：早在政和（1111—1118）末，晁说之就刻了王弼注老子《道德经》。南宋时，晁谦之（1090—1154）、晁子健（1107—1177）等也继承家业，收集、刊印家族亲人文集与其他重要著作，如晁谦之衷刻其族兄晁补之的《鸡肋集》，还曾于绍兴十八年（1148）刻了《花间集》，晁子健编类刊布祖父晁说之的《嵩山文集》等。

在南宋藏书家中，以刻印图书著名的还有陆游父子、岳珂、洪适、朱熹、廖莹中、贾似道等人。陆游所刻图书，在其文集所收录的书跋中多有记述。如《渭南文集》卷二十六《跋岑嘉州诗集》云：

予自少时，绝好岑嘉州诗。往在山中，每醉归，倚胡床睡，辄令儿曹诵之，至酒醒，或睡熟，乃已。尝以为太白、子美之后，一人而已。今年自唐安别驾来摄犍为，既画公像斋壁，又杂取世所传公遗诗八十余篇刻之，以传知诗律者。不独备此邦故事，亦平生素意也。乾道癸巳八月三日山阴陆某务观题。

据此，陆游因喜欢唐代边塞诗人岑参的诗，于乾道癸巳（九年，1173）在四川犍为刻印岑参的《岑嘉州诗集》。淳熙七年（1180），陆游以朝请郎提举江南西路常平茶盐公事（治所在今江西抚州），其间刻印了家藏收集的医药验方《陆氏续集验方》。其《渭南文集》卷二十七《跋续集验方》云：

予家自唐丞相宣公在忠州时，著《陆氏集验方》，故家世喜方书。予宦游四方，所获亦以百计，择其尤可传者，号《陆氏续集验方》，刻之江西仓司民为心斋。淳熙庚子十一月望日，吴郡陆某谨书。

淳熙十三年（1186）初，陆游出知严州（今浙江建德），在此期间所刻图书有：《江谏议奏议》《剑南诗稿》二十卷、《南史》八十卷、《大字刘宾客集》三十卷、《世说新语》十卷及其祖陆佃所撰《春秋后传》二十卷、其父陆宰撰《春秋后传补遗》一卷。

陆游之子陆子聿继承父业，所刻书更多，计有：

陆佃撰《尔雅新义》二十卷、《鹖冠子》三卷、《鶡子》十五篇、《陶山集》二十卷、《二典义》一卷、石介撰《徂徕集》二十卷、陆游撰《剑南续稿》六十七卷、《高宗圣政草》一卷、《老学庵笔记》十卷、王定保撰《开元天宝遗事》二卷、杨亿编《西昆酬唱集》二卷、令狐楚编《唐御览诗》一卷、魏野编《钜鹿东观集》十卷、潘阆撰《潘逍遥集》一卷、杨朴撰《东里杨聘君集》一卷。

再如岳飞之孙岳珂（1183—1243），也是一位大藏书家，家藏书颇多，而多异本、珍本。他为校刻九经，收集贮藏的各种九经刻本就有二十三种之多。另外他还刻有为替祖父岳飞辩冤而编的《鄂公金陀粹编》（正编二十八卷、续编三十卷）与自己的著作《愧郯录》《桯史》等。另如藏书家井度亦喜刻书，其中以刻印七史最为著名。《郡斋读书志》卷五"《宋书》"条云：

嘉祐中,以《宋》《齐》《梁》《陈》《魏》《北齐》《周书》舛缪亡缺,始诏馆职雠校。曾巩等以秘阁所藏多误,不足凭以是正,请诏天下藏书之家悉上异本。久之,始集。治平中,巩校定《南齐》《梁》《陈》三书上之,刘恕等上《后魏书》,王安国上《周书》。政和中,始皆毕,颁之学官,民间传者尚少。未几,遭靖康丙午之乱,中原沦陷,此书几亡。绍兴十四年,井宪孟为四川漕,始檄诸州学官,求当日所颁本。时四川五十余州皆不被兵,书颇有在者,然往往亡缺不全,收合补缀,独少《后魏书》十许卷。最后得宇文季蒙家本,偶有所少者,于是七史遂全,因命眉山刊行焉。

井度在眉山所刻《宋书》《周书》《齐书》《梁书》《陈书》《魏书》《北齐书》七史,史称"南北朝七史","宋蜀刻七史",又称"眉山七史"。在经过唐末五代和北宋末靖康之难,典籍散亡的情况下,井度以个人之力,致力于史书的收集与刊刻,将《宋书》等七部史书收全补齐,然后加以刻印,实属不易。他对保存、传播图书典籍所做的努力值得我们尊敬。

关于南宋藏书家刻书的事例不胜枚举,对此,在宋人文集中有关图书的题跋与历代公私书目及近人、今人关于刻书、出版史的论著中,都有专门论述。需要强调指出的是,南宋藏书家的刻书活动及所刻图书,不只是补充与丰富了本人的藏书,同时对图书典籍的保存、流通、传播与繁荣图书出版市场,都作出了很大贡献。

4. 朝廷赏赐

中国古代的藏书主要是官方藏书与私家藏书两类,二者之间有着密切联系。在藏书来源方面,官方藏书与私人藏书之间一直起着互补作用。每逢战乱或火灾等天灾人祸,国家与地方政府的图书遭到严重损失后,官方藏书的重建图书来源,很大部分是朝廷与地方政府向私人藏书家征集，或由私人藏书家主动进献；而私家也曾通过朝廷赐书或借抄皇家、馆阁藏书等途径，从公藏中获得图书，不断地丰富藏书内容，扩大规模。

宋代不少宗室、官僚士大夫藏书家都得到过朝廷的赐书，赐书成为其藏书的重要来源之一，这在北宋时较为多见。据范凤书《中国私家藏书史》统计，北宋时期得到朝廷赐书的宗室成员主要有赵宗晟、赵宗绰、赵颢；官僚士大夫有赵世丰、丁谓、刘筠、洪文抚、王继恩、王崇勋、宋绶、张君房、汪文谅、司马光等。

由于宗室、大臣能得到朝廷颁赐图书，特别是皇帝亲撰的诗文、墨迹等御书御制，是非常荣耀的事，故如同地方政府、学校、书院、寺观都建有专藏最高统治者所赐诗文、墨迹及御书御制的御书楼、御书阁一样，得到君主赐书的宗室与大臣也在家中专设堂、阁，供奉皇帝所赐诗文等御书御制，一般亦称御书堂、御书阁。

南宋建立之初，国家藏书几乎一无所有，国家图书馆秘书省的图书主要靠号召藏书家进献与向藏书家征集。由于南宋初期私家藏书的基础好于官方藏书，且随着全社会公私刻书尤其是书商们商业性刻书的兴盛，藏书家们得书更为容易，故除了每逢节日庆典或君臣聚会宴饮，南宋最高统治者对一些近侍大臣象征性地赐予自己的诗文作品、书法墨迹外，很少如北宋那样赏赐给大臣们一定数量的图书。但也有少数官僚士大夫得到朝廷赐予较多数量的图书，如孝宗朝官拜尚书右仆射的宰相史浩（1106—1194），相继得到高宗、孝宗二朝赐书。《宋史》卷三九六《史浩传》载云："（史浩）晚治第鄞之西湖上，建阁奉两朝赐书，又作堂，上（孝宗）为书'明良庆会'名其阁、'旧学'名其堂。"

南宋得到朝廷赐书最多的是权相贾似道。贾似道（1213—

1275），字师宪，号秋壑，台州临海（今属浙江）人，以其姐为理宗宠妃，累拜右丞相。度宗立，除太师，平章军国重事，赐第西湖葛岭，使迎养其中。贾似道好收藏，在宅第葛岭旁依湖山之胜，建造豪华堂室，收藏的图史金石书画富逾秘阁，有"悦生""贤者而后乐此""秋壑"诸藏书印。元陆友仁《研北杂志》卷下云："翰林国史院有世祖时所赐贾似道没官书数千卷，金石刻多宋渡江以前拓本。"可知在贾似道的收藏中，有"官书"数千卷与南渡前金石拓片。理宗、度宗两朝，贾似道执掌大权，地位显赫，其所藏数千卷官书、金石拓片当是朝廷投其所好赐给他的，以示优宠。而贾似道常向朝廷请赐图书、书画，明张丑《清河书画舫》卷五载云："似道留心书画，家藏名迹多至千卷，其宣和、绍兴秘府故物，往往乞请得之。"不仅如此，他还以其特殊地位，巧取豪夺，将秘府所藏归为私有。明文徵明《甫田集》卷二一《跋杨凝式草书》：标绫上有曲脚"封"并"阅生"葫芦印，是尝入贾氏，盖似道柄国，御府珍秘，多归私家。

5. 受赠所得

宋代不少藏书家之间，除了能慷慨地将家藏图书互相借阅传抄外，朋友之间常相互赠送书籍、互通有无，这也是扩大藏书范围、增加藏书数量的渠道之一。对此，在陆游的文集中，常能看到他接受友朋赠送书籍的记载，如《跋陵阳先生诗草》："右陵阳先生韩子苍《诗草》一卷，得之其孙籍。"《跋松陵集三》云："淳熙十六年四月二十六日，车驾幸景灵宫，予以礼部郎兼膳部检察，赐公卿食，讫事作假。会陵阳韩籍寄此集来，云东都旧本也。"以上陆游两篇跋文中所说的陵阳先生韩子苍，是北南宋之交著名诗人韩驹。韩驹（？—1135），字子苍，号牟阳，学者称陵阳先生。据此，韩驹之孙籍曾赠送陆游其祖所撰《诗草》与《松陵集》。又陆游《跋资暇集》云："吾家旧有此本，先左丞所藏。书字简朴，疑其来久矣。首曰陇西李匡文济翁编，匡字犹成文也。久已沦坠，忽尤延之寄刻本来，为之怆然。绍熙二年十一月二十九日陆某识。"《跋陶靖节文集》称："张演季长学士自遂宁寄此集来。"则尤袤与张演都曾赠寄给陆游图书。

南宋时，最为人们称道的是藏书家井度为了使图书能保存下来，传之后世，将自己多年积聚的图书无偿地赠送给同好也是其下属晁公武，并由此成就了一段我国古代私家藏书史上的千古佳话。衢本《郡斋读书志》原序云：

公武家自文元公来，以翰墨为业者七世，故家多书，至于是正之功，世无与让焉。然自中原无事时已有火厄，及兵戈之后，尺素不存也。公武仕宦连蹇，久益穷空，虽心志未衰，而无书可读，每恨之。南阳公（引者按：指井度）天资好书，自知兴元府至领四川转运使，常以俸之半传录。时巴蜀独不被兵，人间多有异本，闻之未尝不力求，必得而后已，历二十余年，所有甚富。既罢，载以舟即庐山之下居焉。宿与公武厚，一日贻书曰："某老且死，有平生所藏书，甚秘惜之。顾子孙稚弱，不自树立。若其心爱名，则为贵者所夺；若其心好利，则为富者所售，恐不能保也。今举以付子，他日其间有好学者，归焉。不然，则子自取之。"公武惕然从其命，书凡五十箧。

从晁公武的这段自述可以知道，晁氏家族作为宋代著名的藏书世家，经北宋末火厄及兵戈之后，到南宋初已尺素不存。晁公武能承继祖业，重建藏书，除了晁公武本人努力多方搜求外，井度所赠图书是主要来源。而晁公武也不负井度的嘱托期望，对包括井度所赠图书在内的所有家藏图书进行了认真的整理研究，编撰了《郡斋读书志》，成为近千年来广大士子学者案头不可或缺之传世之书。

南宋的藏书世家与藏书家族

1. 南宋的藏书世家

在宋代人数众多的藏书家队伍中，有不少是沿袭二代、三代，甚至四代、五代或更长时期，一直从北宋延续到南宋的藏书世家。据文献记载粗略统计，至南宋，沿袭二代以上的藏书世家有数十家，其中沿袭三代以上事迹可考的有十家。其中，有自唐末一直到南宋初沿袭十余世的眉山（今属四川）孙氏，有连续藏书六世的新喻（今江西新余）刘氏与巨野（今山东巨野）晁氏，沿袭四世的安阳（今属河南）韩氏。另有沿袭三世的吉州（今江西吉安）刘氏、汝阴（今安徽阜阳）王氏、越州山阴（今浙江绍兴）陆氏、浏阳（今属湖南）李氏、明州（今浙江宁波）史氏、湖州（今属浙江）周氏。

地区（今属）姓氏		眉山（今属四川）孙氏十余世藏书			
名 生卒 字 号	名 （生卒）	降衷	忭 （996—1064） 降衷从子	辟，忭孙	某 （辟六世孙）
	字（号） ［封、谥号］		梦得 ［文懿］		
家 世		唐时著姓，降衷五世祖长孺建书楼藏书，唐僖宗光 启元年（885）以“书楼”二字赐之			
科 举	参加	√	√	√	
	考中何科		天圣八年 （1030）进士	进士	进士
仕履简历		识太祖于未遇时，宋初召见，授眉州别驾	累迁知制诰、翰林学士承旨，拜参知政事	不详	不详
藏书情况	数量	万卷	万余卷	万余卷	万余卷
	书楼 （书目）名	孙氏书楼	孙氏书楼	孙氏书楼	孙氏书楼
	来源与特点	宋初降衷于都城市监书万卷归。降衷孙辟又入都，传东壁西雍之副与官本、市书，捆载而归，即所居重建楼藏之。又尝除塾，为师徒讲肆之所，号山学。天圣初再建书楼。南宋时，辟六世孙因楼毁于火，又重建增拓，走行阙下，传抄贸易，以补缺遗，竭其余力。《方舆胜览》卷五三称忭“喜藏书”			
备 注		※ 按孙氏藏书如依唐时算起，至南宋延续十余世，三百多年 ※ 魏了翁称孙氏自孙忭以来，进士鼎甲者凡三人			

　　注：此表主要材料源于魏了翁《鹤山先生大全文集》卷四一《眉山孙氏书楼记》，祝穆《方舆胜览》卷五三《眉州·人物·孙忭》，晁公武《郡斋读书志》卷一九《孙文懿集》条。

地区（今属）姓氏		新喻（江西新余）刘氏六世藏书					
名 生卒 字 号	名 （生卒）	式 （948—997）	立礼	牧	武贤	滁 （1099—1159）	清之 （1134—1190）
	字（号） [封、谥号]	叔度		思文		全因 [丰国]	子澄 [静春先生]
家世		世宦大族，式子五人全登进士第。四子立礼生致守维扬，迁居扬州文楼巷，牧子武贤殁，当建炎时，滁又避地至江西，子孙居焉					
科举	参加	√	√				√
	考中何科	明经中第	进士				绍兴二十七年（1157）进士
仕履简历		历秘书丞	官至殿中丞	历桐庐令，官至太中大夫	承议郎，知盱眙县	以通直郎致仕，由扬州迁居江西	历太常主簿，通判鄂州、衡州
藏书情况	数量	数千卷	数千卷	数千卷	数千卷	数千卷	复父数千卷藏书，又有增益
	书楼名	墨庄	墨庄	墨庄（扬州）	墨庄（扬州）	墨庄（自扬州迁江西）	墨庄
	来源与特点	式仕太宗朝，既殁，家无余资，独有图书数千卷，夫人陈氏指以语诸子：此乃父之墨庄也。式孙牧、曾孙武贤、玄孙滁三代居扬州文楼巷，继以墨庄名之，藏书教子孙。滁妻赵氏贤而文，夫妇手写经以课子。子靖之、清之皆登进士第。滁建炎避乱至江西，将所散失先世藏书，悉力营聚，原藏书数千卷复以旧，再以墨庄名藏书之室，靖之、清之兄弟又保藏增益之					

注：此表主要材料来源于《宋史》卷二六七《刘式传》，《朱文公文集》卷七七《刘氏墨庄记》、卷九八《刘子和传》，阮元《扬州文楼巷墨庄考》。参《宋代藏书家考》第 50 页"刘式"条。

地区（今属）姓氏		巨野（山东巨野）晁氏六世藏书					
		迴	宗悫	仲衍	端彦	说之	公武
名生卒字号	名（生卒）	迴（951—1034）	宗悫（985—1069）	仲衍（1012—1053）	端彦	说之（1059—1129）	公武
	字（号）[封、谥号]	明远[文元]	世良[文庄]	于长	美叔	以道[景迂]	子止
家世		世宦大族，世儒之家					
科举	参加	√	√	√	√	√	√
	考中何科	太平兴国五年（980）进士	赐进士及第	赐进士	嘉祐四年（1059）进士	元丰五年（1082）进士	绍兴二年（1132）进士
仕履简历		累官工部尚书、集贤院学士	累迁尚书祠部员外郎、知制诰	历官秘阁校理，至祠部员外郎	入馆阁，历秘书少监	元祐中以党籍放斥。靖康时召为著作郎。试中书舍人	历四川总领财赋司干办公事，临安府少尹
藏书情况	数量					二万卷	二万四千五百卷
	书楼（书目）名						《郡斋读书志》
	来源与特点	晁说之在谈及自家藏书时称："予家则五世于兹也，虽不敢与宋氏（绶）争多，而校雠是正，则未肯自让。乃去年（政和四年）冬火，亦告遣。"晁公武《郡斋读书志·序》："公武家自文元公（晁迴）来，以翰墨为业者（七）[六]世，故家多书，至于是正之功，世无与让焉。然中原无事时，已有火厄；及兵戈之后，尺素不存也。"又称自得井度书凡五十箧，合家旧藏，得二万四千五百卷					
备注		※公武为冲之子，说之从子					

注：此表主要材料来源于晁说之《嵩山文集》卷一六《刘氏藏书记》《郡斋读书志·序》，《宋史》卷三〇五《晁迴传》《晁宗悫传》。

地区（今属）姓氏		安阳（今属河南）韩氏四世藏书				
名 生卒 字 号	名 （生卒）	琦 （1008— 1075）	忠彦 （1038— 1109）	治	肖胄	侂胄
	字（号） [封、谥号]	稚圭（赣叟） [魏国公忠献]	师朴[仪国公文定]	循之	似夫	节夫
家世		四代中三居宰相，显赫于世				
科举	参加	√	√	√		
	考中何科	天圣进士	进士	赐进士出身	赐同上舍出身	
仕履简历		历将作监丞，知制诰、枢密使。拜同中书门下平章事、右仆射	除礼部尚书。官至尚书右仆射兼中书侍郎、左仆射	历官秘阁校理、太常丞、太仆少卿，知相州	绍兴三年（1133），拜端明殿学士，同枢密院事，充通问使使金	以策立宁宗功，官至宰相，掌军政大权十三年。伐金失败，被诛，函首送金。
藏书情况	数量	万余卷	万余卷	益置七千卷		
	书楼（书目）名	万籍堂	万籍堂	丛书堂六库		阅古堂
	来源与特点	贡师泰撰《经训堂记》（《玩斋集》卷七）："韩氏自韩琦收书万卷，作万籍堂于安阳里第，其子文定公（韩忠彦）既增广之，忠彦之子韩治益置七千之卷，作丛书堂六库，相传之盛，当时河朔士大夫家号称积书多者罕及之。传四世，至尚书左司公膺胄，始南迁会稽时散失无余矣。"《中兴小纪》卷三四："资政殿学士韩肖胄，尝帅浙东，既奉祠，则家于越，与弟直秘阁膺胄尤相友爱。先是，家藏书甚富，散于南渡，仅存家集。肖胄刻意搜求，迄复其旧。"				

注：此表主要材料来源于《宋史》卷三一二、三七九、四七四，熊克《中兴小纪》卷三四，陆友仁《研北杂志》，贡师泰《玩斋集》卷七《经训堂记》，《南宋杂事诗注》卷五。

地区（今属）姓氏		吉州（江西吉安）刘氏三世藏书		
名 生卒 字 号	名 （生卒）	泳	昱	彦弼 （1091—1142）
	字（号） ［封、谥号］			英臣
家世		自泳之祖起已富殖，为富家大族		
科举	参加			
	考中何科			
仕履简历		祖、父均未仕，至泳始创建书院	未仕	以朱胜非荐，补迪功郎，权新淦尉
藏书情况	数量		万卷	万余卷
	书楼 （书目） 名			
	来源与特点	家富殖，泳之祖起买书延师，使子孙择术授业。至昱，尤能捐金帛买书至万卷。建炎初，社会动乱，彦弼负其书，仓惶转徙		
备注		按：据《卢溪集》卷四六彦弼从子刘冀墓志，冀时，先世藏书仍在，继开馆延师教子弟		

注：此表主要材料来源于王庭珪《卢溪集》卷四四《故县尉刘君（彦弼）墓志铭》、卷四六《保义郎刘君（冀）墓志铭》。

地区（今属）姓氏		汝阴（安徽阜阳）王氏三世藏书			
名 生卒 字 号	名 （生卒）	莘	铚	廉清	明清 （1127—？）
	字（号） ［封、谥号］	乐道 （雪溪）	性之	仲信	仲言
家世		仕宦之家、世业儒			
科 举	参加	√			
	考中何科	进士			
仕履简历		历仕兵部 员外郎	尝从欧阳修 学，不乐仕 进。南渡后 寓居剡中， 后历官枢密 院编修		历泰州通 判、浙西参 议官
藏书情况	数量	数万卷	数万卷		
	书楼 （书目） 书				
	来 源 与 特 点	莘早岁登科，游宦四方，留心典籍，所藏逮数万卷，皆手自校 雠，后归陈规（元则）。子铚南渡后，穷力抄录，亦有数万卷。 既卒，秦桧子熺将欲取其所藏，而许以子廉清官，廉清号泣拒 之曰："愿守此书以死，不愿官也。"次子明清时，因秦桧禁野 史，其书损失大半，所存不多			
备注					

注：此表主要材料来源于徐度《却扫编》卷下，张邦基《墨庄漫录》卷五。

地区（今属）姓氏		山阴（浙江绍兴）陆氏三世藏书		
名 生卒	名 （生卒）	宰 （1088—1148）	游 （1125—1210）	子聿
字 号	字（号） ［封、谥号］	元钧	务观 （放翁）	
家世		世宦大族，宰曾祖轸即考取进士，为吏部郎中，祖珪为国子博士，父佃官拜尚书左丞		
科举	参加		√	
	考中何科		数次参加科举考试，皆列前，但为秦桧所阻，后赐进士出身	
仕履简历		朝请大夫、直秘阁	历四川制置使司参议官，召修孝宗、光宗两朝实录，升宝谟阁待制致仕	历溧阳令，知严州
藏书情况	数量	近二万卷	数万卷	数万卷
	书楼（书目）名	双清堂	书巢 （有家藏书目）	
	来源与特点	绍兴十三年（1143）始建秘书省，诏求天下遗书，录陆宰家书来上，凡万三千卷有奇。陆游自称："吾室之内，或栖于椟，或陈于前，或枕藉于床，俯仰四顾，无非书者。"《次韵范参政书怀》："残年唯有读书癖，尽发家藏三万签。"游幼子聿亦喜蓄书，至辍衣食，不少吝也		
备注				

　　注：此表主要材料来源于陆游《渭南文集》卷一八《书巢记》及是书中所载多种跋文、《嘉泰会稽志》卷一六《藏书》。

地区（今属）姓氏		浏阳（今属湖南）李氏三世藏书		
名 生卒 字 号	名 （生卒）	作义	日南	之传
	字（号） [封、谥号]	彦从		
家世		世儒之家，三世以学行称		
科 举	参加			
	考中何科			
仕履简历		淳熙间官迪 功郎。		
藏书情况	数量			二万卷
	书楼（书目）名	遗经阁	遗经阁	遗经阁
	来源与特点	隆兴二年（1164）作义、日南建遗经阁，为家藏图书之处，张栻、朱熹等数十人赋诗赞美，一年后焚于火。淳熙十四年（1187）择县南太湖山旁重建，未成而父子相继逝。孙之传既长，慨祖父之志未遂，恶衣绝甘，圭积黍累，再筑是阁，绍熙四年（1193）始成，牙签万轴，漆书万卷		
备注				

注：此表主要材料来源于杨万里《诚斋集》卷七五《李氏重修遗经阁记》。

地区（今属）姓氏		明州（浙江宁波）史氏三世藏书		
名 生卒 字 号	名 （生卒）	浩 （1106—1194）	弥大	守之
	字（号） ［封、谥号］	直翁 （直隐居士） ［文惠］	方叔 ［献文］	子仁
家世		南宋浙东第一世宦大族		
科举	参加	√	√	
	考中何科	绍兴十五年 （1145）进士	乾道五年 （1169）进士	
仕履简历		官国子博士，为王府教授，孝宗朝拜尚书右仆射	历官秘书丞，浙西提举，至礼部侍郎	仕终朝奉大夫，不满其仲父弥远擅国，中年退居月湖居之
藏书情况	数量			
	书楼（书目）名	旧学碧沚复隐		
	来源与特点	浩于孝宗朝二拜右相，致仕后治第鄞之西湖，建阁奉两朝赐书，孝宗为书"旧学"名其堂，藏书印即为"旧学"。子弥大守父藏书传其子守之，筑楼于月湖名"碧沚"，并作藏书印。与楼钥并为当时浙东藏书大家，有"南楼北史"之称，为历代藏书家称颂。史氏旧学、碧沚藏书，至清氏犹有存者		
备注				

注：此表主要材料来源于楼钥《攻媿集》卷一〇，全祖望《鲒埼亭集》卷四、卷一六。

地区（今属）姓氏		湖州（今属浙江）周氏三世藏书		
名 生卒 字 号	名 （生卒）	泌	晋	密 （1232—1298）
	字（号） ［封、谥号］		明叔 （啸斋）	公谨 （草窗）
家世		世宦、世儒之家		
科 举	参加			
	考中何科			
仕履简历		历仕刑部 侍郎	历官富阳令	以祖泽为建康 府都钱库，累官 义乌令
藏书情况	数量		四万二千卷	四万二千卷
	书楼（书目）名		书种、志雅	书种、志雅 （书种堂书目）
	来源与特点	周密《齐东野语》自称："吾家三世积累，先君子尤酷嗜，至鬻负郭之田以供笔札之用。冥搜极讨，不惮劳费，凡有书四万二千余卷及三代以来金石之刻一千五百余种，庋置书种、志雅二堂。"		
备注				

　　注：此表主要材料来源于周密《齐东野语》卷一二，陆心源辑撰《宋史翼》卷三四《周密传》。

以上为南宋沿袭三世以上的藏书世家。

此外，南宋连续两代的藏书家庭及成员主要有：

庐陵（今江西吉安）罗无竞、良弼父子。

罗无竞，字谦中，号遯翁，庐陵人。少有文名，因感世风日下，厌倦举子业，归家闭门读书。逢熙河之役，无竞上书条陈利害，朝廷特旨褒美，授迪功郎。始入仕途，为建宁主簿，后以父丧，不复仕。有集数卷，《经解》数卷，《清襟集》三卷藏于家。卒于绍兴初，年五十三。门下客私谥曰"孝逸先生"。李仲谦为作墓志铭，胡铨作传。罗无竞一生嗜好读书，藏书达万卷。建炎间金人渡江，无竞自认藏书难以保全，将遭到与新喻刘氏墨庄藏书一样散失的境遇，谁知金人过其庐，知其为读书门户，曰："儒先家也，戒无犯。"无竞家族因此未受侵扰[1]。

罗良弼（1108—1164），字长卿，无竞长子。建炎三年（1129）以诗赋冠乡举，绍兴二十七年（1157）进士及第，授迪功郎，调赣州会昌尉。有文集三十卷，《欧阳三苏年谱》一卷，另著《欣会录》十卷，《诗话》二十卷，《闻书》七卷。事见《胡澹庵先生文集》卷二六《罗迪功墓志铭》。良弼少时与胡铨同学，同师事清节先生萧子荆，娶胡铨从妹为妻，继娶刘氏。藏书自上世已万卷，至良弼不啻倍蓰，皆手朱墨，表无虚帙。亲抄书千卷，字画如刻。博学强记，凡百家杂志，下至稗官虞初小说，无不淹贯。晚年，罗良弼与退居乡里的周必大交往甚密。周必大在隆兴元年（1163）作《跋罗良弼家欧阳公唐赞草》，称"长卿好古博雅，藏本朝名帖至数十百纸"。

---

① 事见（宋）胡铨：《胡澹庵先生文集》卷三一《孝逸先生传》，道光十三年历原胡氏读书堂刻本。

国家图书馆藏宋本《皇朝文鉴》

另刘弇《龙云集》周必大序云："先是，汴京及麻沙刘公集（《龙云集》）二十五卷。绍兴初，予故人会昌尉罗良弼遍求别本，手自编纂，增至三十二卷，凡六百三十余篇。嘉泰三年，贤守豫章胡元衡平一表郑公之乡里，访襄阳之耆旧，欲广其书，激厉后学。予亟属罗尉之子泌缮写定本，授侯刻之。"可见罗良弼还曾校勘补遗刘弇的文集，嘉泰三年（1203），由其子罗泌缮写定本，交给守令胡元衡刻印出版。

越州上虞（今属浙江）李光、孟传父子。

李光（1078—1159），字泰发，北宋崇宁五年（1106）进士，历任太常博士、右司谏、吏部尚书、参知政事等，谥庄简。著有《易传》十卷、《文集》四十卷、《兵略》十卷、《神仙传》十卷等。

李孟传（1126—1219），字文授，李光少子。以父恩官至太府丞，因不附韩侂胄，出知江州，以朝请大夫直宝谟阁。少讲学有声，而天资爽迈，无纤毫世俗之气。性嗜书，至老不倦。藏书万卷，悉置左右，翻阅绅绎，周而复始。每得异书，手自校勘，竟其遍乃止。著有《盘溪诗文稿》《宏词类稿》《左氏说》《读史》《杂志》等。

《系年要录》卷一五六"绍兴十七年十二月纪事"云："言者论会稽士大夫家藏野史，以谤时政，于是李光家藏书万余卷，其家皆焚之。"《挥麈录后录》卷七亦云："李泰发家旧有万余卷，亦以是岁（绍兴十七年）火于秦。"元孔齐《至正直记》卷二载："予至上虞，闻李庄简公光无书不读，多蓄书册与宋名刻数万卷。子孙不肖，且粗率鄙俗，不能保守，书散于乡里之豪民家矣。"据此，李光父子藏书数万卷，绍兴十七年因被谤，焚毁万余卷。此后子孙又不能保守，余者皆散于乡里豪民。

莆田（今属福建）林霆、光世祖孙。

林霆，字时隐，擢政和五年（1115）进士第。《宋史·郑樵传》载：（林霆）博学，深象数，与郑樵为金石交。聚书数千卷，皆自校雠，谓子孙曰："吾为汝曹获良产矣。"绍兴中，为敕令所删定官，九诋秦桧和议之非，即挂冠去，当世高之。

林光世，字逢圣，号水村，霆曾孙。家学渊源，有藏书万卷，少年，父师律举子业，不许读。晚始遍览藏书，因《易》十三卦取法乾象者，著为图说，名曰《易镜》。淳祐中，大臣上其书于朝，召赴阙，由布衣授史馆检阅，迁校勘。历将作丞，知潮州，数迁提举浙东常平茶盐。景定初，进嘉言三十篇，赐进士出身，官至朝请大夫、直秘阁。

台州临海（今属浙江）林师蒧、表民父子。

林师蒧（1140—1214），字咏道，号竹村居士，台州临海（今属浙江）人。考科举，屡试不中，一直至老。陈耆卿为其所撰《竹村居士林君墓碑》（《赤城集》卷一六）谓林师蒧：广学而苦成，少所从多有道师儒。而尤嗜书传，近购远求，家已数千卷，犹典衣抄传，恐晚。古帖秘文积之久，亦千余卷。又吴子良所撰《四朝布衣竹村林君墓表》（《赤城集》卷一六）亦称林师蒇"酷嗜书，质衣贷家具，购书至几千卷，名帖亦数千卷。每一卷入手，喜津津校雠考订，忘日夜。可谓贫而富于书"。

林表民，字逢吉，号玉溪。临海人，师点子。上引陈耆卿撰其父师蒇《竹村居士林君墓碑》称林表民自幼即乡学，受父母督程，爱古博雅，所储书益富，独赀用窘，书又以水多散亡。尝同陈耆卿修《赤城志》，又自修《赤城续志》《赤城三志》，编《赤城集》，撰《玉溪吟草》。

据上所载，林师蒇、表民父子二代质衣贷家具，购书藏书几千卷，又购集名帖数千卷，贫而富于书，惜至林表民时，其藏书以水多散亡。

福建仙游余崇龟、日华父子。

余崇龟（1150—1210），字景望，仙游（今属福建）人。淳熙五年（1178年）进士，历官秘书丞。韩侂胄专权，崇龟独立不倚，力求去，出知江州。侂胄败，除监察御史。时与金议和，金人以索要侂胄首级相胁，朝廷欲予之，崇龟认为这是辱国之举，遂不附议。官至兵部侍郎。元佚名著《氏族大全》卷二载：余崇龟喜藏书，"家藏书万卷，出入经史、贯串古今，匾其堂曰'静胜'，徜徉其中"。

余日华，字君实，仙游人，崇龟子。嘉泰二年（1202）进士，历知潮阳县等。嗜诗史，工文翰，所居"撷英阁"藏书万卷，法书名画参错其间，有《兑斋文集》《凌江唱和集》。事见乾隆《福建通志》卷五一《文苑传》。

据此，余崇龟、日华父子先后藏书万余卷，并分别建有"静胜堂""撷英阁"以藏图书、书画，是至少延续二世的藏书世家。

宗室赵善应、汝愚父子。

赵善应（1118—1177），字彦远，号幸庵，居余干。太宗七世孙，生平事迹见《朱文公文集》卷九二《笃行赵君彦远墓碣铭》。

赵汝愚（1140—1196），字子直。生平事迹、藏书事略见上宗室成员藏书表。

鄞县（今属浙江）袁韶、似道父子。

袁韶（1161—1237），字彦淳。淳熙十四年（1187）进士，官吴江丞，改知桐庐县，修筑钱塘，以绝潮患。后累迁至户部尚书、临安府尹，绍定初，除同知枢密院事。后官至资政殿学士、浙西安抚制置使，卒赠太师、越国公。韶贫时，手自抄书，及贵，乃务置书，不能得，则自中秘及故家录之，筑书堂贮藏之。所校九经最为精善。

袁似道，字子渊，以父荫补承务郎，监无为县襄安镇。淳熙七年（1180）通判嘉兴府，累官知襄州，以与贾似道同名而隐退。能承父业，又筑南园，聚书至数万卷，图画鼎彝鉴裁源委。事见《清容居士集》卷三三《西山阡表》。

饶州鄱阳洪皓、适父子。

洪皓（1088—1155），字光弼，登政和五年（1115）进士第。建炎三年（1129）擢徽猷阁待制，假礼部尚书使金，被留近十五年，绍兴十二年（1142）始归，除徽猷阁直学士、提举万寿观兼权直学士院。寻因忤秦桧，出知饶州。皓藏书甚富，又好古，善别古彝器，每见书画，不计其值，常倾囊购之，必得之而后快，藏书万余卷、名画数百卷。出使金国被拘期间，"居穷绝域，复访求稇载以归"[1]。

---

[1] 《盘洲文集》卷七四《先君述》。

洪适（1117—1184），字景伯，号盘洲，皓长子，以父荫补修职郎。绍兴十二年（1142）中博学鸿词科，累官至尚书右仆射、同中书门下平章事兼枢密使，封魏国公，卒谥文惠。周必大为其作《丞相洪文惠公神道碑》（《平园续稿》卷二八），称洪适："耽嗜隶古，为《隶释》二十七卷，《隶续》二十一卷，屡加删润，合为一书，将踵欧阳文忠公《集古录》，赵明诚而下弗论也。"可见洪适金石收藏之富。

2. 南宋藏书世家家庭成员及其特点

南宋延续二世以上藏书家庭大部分都是仕宦之家，有的还是世宦大家，如十家三世以上藏书世家中，只有吉州安福刘氏（泳）以经商富殖起家，其余都是仕宦之家。其中新喻刘氏、巨野晁氏、明州史氏都是宋代著名的世宦大族。在连续二世藏书的十三户家庭中，也有多家是仕宦之家。另外，这些藏书世家成员中，大都参加了科举考试并入仕做官，另有一些是通过向朝廷献图书或本人撰写著作得到官职的，还有少数是通过恩荫入仕的。这中间最典型的是新喻刘氏与巨野晁氏，新喻刘氏于南唐李煜时即以明经中第，生五子。宋初除长子立本赐学究出身外，其余四子均考取进士，第三子立之生三子：敞、颁、放，又都中进士。巨野晁氏自迥起至公武沿袭六世，成员全部考中或特赐进士及第，且晁氏家族自迥起六世（至公字辈）考中进士者不下二十人。

这些藏书世家不但大多数是仕宦之家，而且也都是学有渊源的世儒之家，其成员在文化学术事业的不同领域均作出了一定贡献。如巨野晁氏自晁迥以下，以翰墨为业者连续六七世，不但藏书之富为世称道，且自迥以来，家传文学，几乎人人有集，出现了包括苏门四学士之一的晁补之这样在宋代文学史上乃至整个中国文学史上都占有一席之地的文学家。至于晁公武，是我国古代著名的文献目录学家，他的《郡斋读书志》是了解南宋初期以前图书典籍不可缺少的书目工具书。再如山阴陆氏中陆游是宋代著名的爱国诗人、词人；汝阴王氏中的王明清、湖州周氏中的周密都是著名的学者，在经学、史学、文学各领域成绩卓著，贡献颇多。周密出生于"种学绩文，代有闻人"的文献世家，不但是宋末著名的爱国词人，且是学识广博的学者，撰有《武林旧事》《齐东野语》《癸辛杂识》《浩然斋雅谈》等各类著作数十种。王明清也是著名学者，著有《投辖录》《玉照新志》《摭青杂说》《挥麈前录》《挥麈后录》《挥麈三录》《挥麈余话》及《清林诗话》等。还有郑樵用毕生精力，集天下之书为一书，继西汉司马迁之后，编撰了又一部纪传体通史《通志》，记载的时间上起三皇五帝，下迄隋唐，篇幅达二百卷（另附考证三卷）、五百多万字。是书中的《二十略》更是在杜佑《通典》之后，开创了典章制度政书的新体例，其学术价值得到当代及后世学者的一致肯定。这些藏书世家成员锲而不舍，代代相传，对藏书事业的执着追求，使他们自己及子孙后代都具有较高的文化素养，成为世儒之家，并进而成为世宦大族。在宋代，也的确出现了不少数十年、上百年久盛不衰的官宦家庭，有的父子、兄弟、祖孙均位居要职，名列宰执、学士之列。这与隋唐门阀望族的世宦大族有着明显的不同，可以说，累世藏书、读书是宋代新产生的世家大族得以繁衍昌盛、人才辈出的文化渊源。

总之，南宋继北宋之后产生了更多藏书世家，是私家藏书发展到一个新的阶段的产物，是这一时期涌现的众多藏书家中的杰出代表。这些藏书世家成员汲汲于藏书事业，父子祖孙互相影响，代代相传，促进尚学重教的社会风气，对南宋文化的发展起到了积极的推进作用。

3. 南宋的藏书家族

宋代除涌现出众多延续二代以上的藏书世家外，还出现了多位成员都是藏书家的家族。北宋时，山东藏书世家晁氏家族就有多位成员同时是著名的藏书家。南宋时，最著名的是福建莆田方氏家族。

据李清馥《闽中理学渊源考》卷九《著作方先生仪》所考，莆田方氏始祖方廷范在五代时因"历知长溪、古田、长乐三县"，将家迁至福建莆田，从此定居于闽，繁衍成一大家族。自宋初以后更是家族繁盛，著于东南，自北宋皇祐至南宋淳祐间涌现十余位藏书家，北宋有方子容、方略等，南宋时最为著名的是方崧卿。

方崧卿（1135—1194），字季申，莆田（今属福建）人。隆兴元年（1163）进士，历知上饶县、吉州，提点广东刑狱，移广西转运判官、京西转运判官。叶适在《水心集》卷十九《京西运判方公（崧卿）神道碑》中说方崧卿：

公学极原本，有书以来无不通习。聚帙数万，多朱黄涂乙，处宿疑隐。问一事常类举十余，续《横浦集》《补襄阳志》，皆厘纠昔谬。韩氏文行于世二百年，其始所从，家异人殊，不能相一，学者患之。公会证旁引，为书二十余卷，得以据依，他本废矣。

周必大在《京西转运判官方君（崧卿）墓志铭》（《平园续稿》卷三一）中说方崧卿：

博观载籍，因流溯源，不极其本弗措也。筑聚书堂，聚书四万卷，手自雠校，尤喜韩昌黎文，为举正十卷、附录五卷，晚别成笺校十卷。奥篇隐帙，搜求殆遍，时时发明韩公为文之本意，非但志其所出而已。在南安续《横浦集》，至京西补《襄阳志》，正讹谬甚多。诗文辩丽，

略无陈言，二子类为家集二十卷。^①

综述周、叶两人所述方崧卿在文化学术上的成就，结合其他记载，可得知方崧卿在从政之余，一生致力于读书、校书、藏书、著书。其藏书四万卷，手自雠校，著有诗文集二十卷及《横浦集》十二卷、《南安军志》二十卷、《拾遗》一卷、《南安府志》四卷、《补襄阳志》等。尤其值得指出的是方崧卿对韩愈文集的整理研究，编定《昌黎先生集》《外集》，撰成《韩集举正》，并于淳熙年间在南安军刊刻。方崧卿所刻韩愈集世称"淳熙刻本"，又称"南安本"，在当时十分流行，以至"他本废矣"。朱熹则赞誉说"近世南安本号为精详"^②，后来朱熹编刻韩愈文集即以此本为底本，由此可见方崧卿淳熙刻本质量之高、影响之大。除此之外，方崧卿还对欧阳修《集古录》"哀聚真迹，刻板庐陵，得二百四十余篇，以校集本"^③。这说明，方崧卿在读书、藏书、校书、著书的同时，还从事刻书，在文化学术的很多方面都有贡献。

除了方崧卿，南宋时期莆田方氏家族中的藏书家还有方畴、方万、方渐、方于宝、方秉白、方阜鸣、方其义、方审权、方楷等。

方畴，字次云，绍兴八年（1138）举进士，授闽清县尉，不及一年就辞官归里，闭门苦读十八年，官至秘书省正字。方畴出身于藏书世家，曾祖父方峻是天圣八年（1030）进士，任过秘书郎。家有祖遗藏书楼，藏书万卷，故称"万卷楼"。方畴的祖父方子容是北

---

① （宋）周必大：《文忠集》卷七十一，文渊阁《四库全书》本。

② 《直斋书录解题》卷一六。

③ 《欧阳文忠公集古录后序》，《文忠集》卷五十二。

宋时期的藏书家，皇祐五年（1053）进士，初官朝请大夫，后出知惠州，时苏轼亦谪居惠州，两人交厚，常有唱酬，家藏字画多经苏轼题品。方翥从兄方略于崇宁五年（1106）中进士后，历知潮州、琼州，因忤权贵，被贬芹州。他亦喜藏书，扩充祖上藏书到一千二百筒，并辑有《藏书楼书目》。刘克庄跋《方一轩所藏苏、黄、小米帖》（《后村先生大全集》卷一〇五）云：

> 吾里收书画家有数。昔惟城南蔡氏、万卷楼方氏，后有藏六堂李氏、云庄方氏。然尤物在天地间，聚散来去不常。藏六堂、云庄之所收者，往城南万卷楼旧物也。俯仰未三十年，眼中所见书画，凡几易主，昔藏百千轴者，今或无片纸，而锦囊牙签卒见于墨林方氏、上塘郑氏、寿峰方氏，则又皆藏六、云庄之散逸流落者也。墨林、寿峰皆万卷楼之族。书画入族人手，犹之子孙也。

方渐，重和元年（1118）进士，绍兴中通判韶州，历知梅州、潮州、南思州，官至朝散郎。所至以书自随，积之至数千卷，皆手自纂定。就寝，多不解衣。增四壁为阁，以藏其书，榜曰"富文"。

方于宝，家有"三余斋"，聚书数万卷。绍兴十六年（1146），应诏进《风骚大全集》一百卷，补迪功郎、漳浦县尉。

方秉白，字直甫，号草堂。与从弟秉俟隐居不仕，孝宗朝监司以孝廉荐，不起，后以子阜鸣恩，赠朝散大夫。"以孝廉，传家惟书数橱。"[①] 有《草堂文集》。

方阜鸣（1157—1228），秉白子，字子默，嘉定元年（1208）进士。官金书平海军节度判官厅公事，兼南外宗簿，复金书镇南军节度判

---

① （明）郑岳：《莆阳文献》卷三九，广陵书社 2017 年版。

官厅公事。刘克庄为建阳令，方阜鸣自江右归，"留钱十万市坊书"[①]。

方楷，字敬则，号一轩。父方淙，嘉定二年（1209）进士，官至直焕章阁，家富藏书，有藏书阁，所藏法书真迹六百余卷。刘克庄为之跋凡四十首，其中《好一集录》（《后村先生大全集》卷一〇五）云：

> 欧阳公集《金石录》千卷，赵德甫（明诚）《续录》二千卷。欧，辅臣也，赵，宰相子也，侍从也，皆仕当天下全盛，南北未分裂之时。然各费二十年，网罗收拾，所获止如此，南渡后，北碑浸难致。方君敬则，妙年被服儒雅，凡世间贵介公子，裘马剑射、樗棋声色之事，率皆不好。惟酷嗜古文奇字，闻有一善碑、一真迹，必高价访求，不得不止，所收为吾里诸故家之冠，而北碑尤多，自石鼓、峄山、诅楚、至隋唐残碣断刻，一一妆饰而笈藏之。积至六百余卷，日增而未已也。

在刘克庄笔下，方楷对金石的收藏可同欧阳修，赵明诚、李清照夫妇媲美，甚至超过他们。

通过以上对方氏家族藏书情况的考察，可以知道，莆田方氏家族不但藏书家众多，代不乏人，从宋初始一直延续到宋末元初，而且收藏规模大、内容丰富，藏书数量有达到万卷甚至数万卷；除了收藏图书外，还收藏书画、金石拓片。实际上，莆田方氏家族的藏书家还远不止上述几人，而在宋代，如方氏这样人数众多、大规模、延续数百年藏书活动的家族虽然不是很多，但它和上文记述的藏书

---

① （宋）刘克庄：《后村先生大全集》卷一四八《方子默墓志铭》，四川大学出版社 2018 年版。

世家一样，并不罕见，更不是个别现象，他们是宋代出现的众多的世宦之家、世儒之家长盛不衰的文化基础，同时也是南宋私家藏书发展的缩影。

南宋藏书家对图书的整理研究

宋代藏书家们在藏书、读书的过程中，还对家藏图书进行整理研究，其中既有继承前代藏书家优良传统而更加认真校雠订正的工作，又有开启后世对私家藏书创造性整理编目的活动，使宋代目录学的发展尤其是私家藏书目录发展有了历史性的突破。而到了南宋，又更上了一个新的台阶，著名的如晁公武的《郡斋读书志》、陈振孙的《直斋书录解题》，是继北宋李淑《邯郸读书志》开创私家藏书提要目录后，我国古代目录学发展史上第一次出现的完整的、留存至今的私家藏书提要目录，成为了解我国南宋中期之前图书最重要、最常用的书目工具书。

南宋藏书家与学者们还最早对雕版印刷进行了全面系统的探讨、研究，出现了第一部专记版本的私家藏书目录，即尤袤的《遂初堂书目》；而著名藏书家、文献学家、文学家叶梦得（1077—1148）留下的对雕版印刷的诸多精辟论述，使其堪称雕版图书版本研究第一人，为在南宋时期建立雕版图书版本学奠定了基础。南宋藏书家们还继承发扬北宋藏书家们在图书整理校勘中的"扫灰尘"精神，以郑樵为代表，通过总结，撰写了关于求书、校书的专门论著《校雠略》，使之上升为理论。所有这些，都是南宋藏书家们对文化学术事业作出的新贡献。

1. 对家藏图书的整理编目

南宋的私家藏书目录

以个人之力，为社会上流传的图书编制书目，始自刘宋王俭《七志》与齐梁阮孝绪《七录》，而据现存材料记载，对家藏图书进行登记编目的始见于唐代。《新唐书·艺文志》史部目录类、《郡斋读书志》卷九著录有《吴氏西斋书目》一卷。《郡斋读书志》卷九谓："右唐吴兢录其家藏书,凡一万三千四百六十八卷。兢自撰书,附于正史之末,又有续钞书列于后。"以上两书所载唐及唐以前私家藏书目录仅此一家,未详载其体例,《旧唐书》卷一〇二《吴兢传》亦只称"兢家藏书颇多,尝目录其卷第,号《吴氏西斋书目》"。但用一卷篇幅著录一万三千余卷书,著录不可能详细,只能"目录其卷第"而已。比之唐代,宋代藏书家们对家藏图书的整理编目十分重视,这是因为私家藏书数量比之前代大为增加,藏书愈多,如不加整理,则杂乱无章,无法寻检利用。故宋代藏书家重视编制家藏图书目录,首先是为了更好地保管利用图书。同时,宋代藏书家还重视图书校勘订正,而对家庭图书的编目整理,也是他们图书校勘整理的成果。而南宋私家图书编目更是在北宋的基础上,有了进一步的发展与创新。

综合晁公武《郡斋读书志》、尤袤《遂初堂书目》、陈振孙《直斋书录解题》、郑樵《通志·艺文略》《宋史·艺文志》所载,结合其他文献,南宋藏书家编有家藏图书目录的有十多家,其中一些人们熟悉的大藏书家如叶梦得、莆田李氏、周密等都编有家藏图书目录,可惜大都已经失传。现将南宋藏书家所编家藏图书目录情况表述如下:

姓名	藏书数量（卷）	书目			材料来源	备注
		名称	卷数	存佚		
吴与	2万	吴氏书目	4	佚	直斋书录解题8、通志·艺文略4	通志·艺文略4作漳浦吴氏藏书目4卷
叶梦得（1077—1148）	4万	叶石林书目		佚	遂初堂书目	
方略	1万	万卷楼书目	1	佚	通志艺文略4	
莆田方氏		望壶书目	3		竹溪鬳斋十一稿续集30	
董逌		广川藏书志	26	佚	直斋书录解题8、遂初堂书目、宋史·艺文志3	
东平朱氏	1万	朱氏藏书目		佚	周紫芝太仓稊米集5	
晁公武	2.4万	郡斋读书志		佚	直斋书录解题8、宋史·艺文志3	今存《郡斋读书志》衢州本作20卷，袁州本作前志4卷，后志2卷
莆田李氏		藏六堂书目	1	存	直斋书录解题8	
王正己（1118—1196）	2万	名称不详		佚	攻媿集52《酌古堂文集序》	
尤袤（1124—1193）	2万	遂初堂书目		存	直斋书录解题8、宋史·艺文志3	诚斋集78作益斋书目，宋史·艺文志3作遂初堂书目2卷

续表

姓名	藏书数量（卷）	书目			材料来源	备注
		名称	卷数	存佚		
陆游（1125—1210）		名称不详		佚	嘉泰会稽志16 藏书	
蔡瑞		石庵藏书目		佚	叶适集12 石庵藏书目序	
郑寅	数万	郑氏书目	7	佚	直斋书录解题8	
陈振孙	5万	直斋书录解题	22	存	四库全书总目85、史部·目录类	
许棐	数千	梅屋书目		佚	献丑集·梅屋书目序	献丑集全书仅一卷
王柏（1197—1274）	1万	鲁斋清风录	15	佚	鲁斋王文宪公文集9 鲁斋清风录	

其中影响最大的是晁公武所编的《郡斋读书志》与陈振孙的《直斋书录解题》，不但著录图书数量多，而且在北宋李淑《邯郸图书志》开创的私家藏书目录撰写简要解题的基础上，有了进一步完善，与《邯郸图书志》一起开了撰写私家藏书提要目录的先河。其次，在编撰私家藏书目录时，不但如《晁志》《陈录》注意对家藏图书版本的著录，而且出现了如尤袤《遂初堂书目》那样专门详备地著录版本的家藏图书目录。以上两点，在私家藏书目录编撰上，对后世影响深远，极大地促进了元明清藏书家们对家藏图书的编目整理，具有重要意义。

晁公武《郡斋读书志》

晁公武，字子止，济州巨野（今属山东）人，大约生于北宋崇宁（1102—1106）间。如上所述，晁氏是世宦、世儒大族，又是藏书世家。晁公武出身于这样的官僚士大夫家庭，从小受到良好教育，有着较高的文化修养。靖康之难后，晁公武随父避难入蜀，绍兴二年（1132）考中进士，为四川转运使井度属官，后历知恭州、荣州、合州。孝宗即位后，入为吏部郎中、监察御史，乾道四年（1168）以敷文阁待制为四川安抚制置使。官至吏部侍郎，晚年致仕后，侨居于嘉州（今四川乐山）符文乡。

晁公武博学广闻，治学勤奋，著作颇丰，据《直斋书录解题》等书记载，有十数种之多，惜已散佚，只有其对所藏图书编写的目录书籍《郡斋读书志》流传下来。由于晁氏世居汴京昭德坊，故此书又称《昭德先生郡斋读书志》，实际上是他知荣州（今四川荣县）时所编。关于编写此书的缘由经过，《郡斋读书志自序》有详细叙述，称其素与曾任四川转运使的井度交谊深厚，井度"天资好书，自知兴元府至领四川转运使，常以俸之半传录"，"人间多异本，闻之未尝不力求，必得而后记"，"历二十年，所有甚富"。《序》中又称井度晚年将其收集的五十箧书赠予作者，合作者家旧藏，"除其复重，得二万四千五百卷有奇。今三荣僻左少事，日夕躬以朱黄，雠校舛误。终篇，辄撮其大旨论之"。从这段话中可以看到，晁公武编写这部《郡斋读书志》经过三个阶段：先是将井度所赠书与自家旧藏图书除其重复，得书二万四千五百余卷；接着"日夕躬以朱黄，雠校舛误"，最后于每书之后，"辄撮其大旨论之"，即写出提要。由此可见其用力之勤。

《郡斋读书志》共著录晁公武实际所收藏图书一千四百多部，基本包括了南宋以前我国古代的各类主要图书，它按照当时已经通行的分类，总分经、史、子、集四部，部下设类。经部十类，合二百五十五部，计三千二百四十四卷；史部十三类，合二百八十三部，七千三百八十八卷；子部十七类，合五百五十五部，计七千七百六十卷；集部三类，合四百零八部，计六千一百六十一卷。

《郡斋读书志》作为我国现存最早的一部有提要的私家藏书目录，全书有总序，每部之前有大序，即总论，四十五类中二十五类前有小序。每类之内，各书大致以时间先后排列，每书下有简介，即提要，少则十余字，多则数百字。提要中包括书名、卷数、篇目、篇数、编次经过，有的还引录有关序跋。提要中有较大的篇幅，也是其最重要内容，是对作者的介绍与评论，有的直接来自耳闻目睹，有的录自唐宋两代历朝实录、登科记、宋历朝国史，其对作者与著作的评论也比较公允。由于《郡斋读书志》是一部全书有总序、部有大序、类有小序，集著录、介绍、校雠、考订于一书的目录书籍，故受到后世历代学者的重视与称赞，并为后来目录学的发展起到了重要的引导作用。其稍后的陈振孙《直斋书录解题》、宋末元初马端临的《文献通考·经籍考》，以至清代的《四库全书总目提要》，均深受其影响。直到现在，《郡斋读书志》仍然是有重要使用价值的书目工具书。

陈振孙《直斋书录解题》

陈振孙（？—约1261），字伯玉，号直斋，湖州安吉（今属浙江）人，曾任鄞县、绍兴、溧水教授。理宗宝庆二年（1226）通判兴化军，历诸王宫大小学教授、台州知州、嘉兴知府等。淳祐四年（1244）任国子监司业，后官至侍郎，以宝章阁待制致仕。陈振孙出身于小官僚家庭，但其自谓"愚未冠时，无书可观，虽二史（引者按：指前后《汉书》）亦从人借"。大概正是家中少书，不能满足其读书愿望，故陈振孙年轻时就注意对图书的收集，其得书途径除了购买外，主要靠抄录。上引周密《齐东野语》卷一二谓："近年唯直斋陈氏书最多，盖尝仕于莆，传录夹漈郑氏、方氏、林氏、吴氏旧书，至五万一千一百八十余卷。"《直斋书录解题》中不少解题下载有作者如何抄录得到此书的经过，如"《梁溪易传》九卷、《外篇》十卷"条解题云："丞相昭武李纲伯纪撰。其书未行于世，馆阁亦无之。莆田郑寅子敬从忠定之曾孙得其家藏本，顷倅莆田日，借郑本传录。"而"《长乐财赋志》十六卷"题解云：

> 知漳州长乐何万一之撰。往在鄞学，访同官薛师雍子然，几案间有书一编，大略述三山一郡财计，而累朝诏令申明沿革甚详。其书虽为一郡设，于天下实相通。问所从得，薛曰："外舅陈止斋修《图经》，欲以为《财赋》一门，后缘卷帙多，不果入。"因借录之，书无标目，以意命之曰《三山财计木末》。及来莆田，为郑寅子敬道之，郑曰："家有何一之《长乐财赋志》，岂此耶？"复借观之，良是。其间亦微有增损，末又有《安抚司》一卷。并钞录附益为全书。

另如"《孙子》十卷"条题解称："题晋孙绰兴公撰，恐依托。《唐志》及《中兴书目》并无之。余从程文简家借录。""《造化权舆》六卷"条题解称："唐丰王府法曹赵自勔撰。天宝七年表上。陆农师著《埤雅》颇采用之，其孙务观尝两为之跋。余求之久不获，己亥岁从吴门天庆《道藏》中借录。"等等，类似条目还很多，这也说明周密之语援引有据，亦足见陈振孙藏书之富、抄书之勤。

陈振孙十分推崇晁公武的《郡斋读书志》，他在《直斋书录解题》卷八认为"其所发明有足观者"。他的《直斋书录解题》就是仿效晁公武《郡斋读书志》，对家藏图书编制的目录，并基本按照《郡斋读书志》体制，其分类虽未标明经、史、子、集四部，实际上按四部顺序排列，共分图书五十三类，比《郡斋读书志》多了八类。其分类如下：

经部，十类：易类、书类、诗类、礼类、春秋类、孝经类、语孟类、经解类、谶纬类、小学类。

史部，十六类：正史类、别史类、编年类、起居注类、诏令类、伪史类、杂史类、典故类、职官类、礼注类、时令类、传记类、法令类、谱牒类、目录类、地理类。

子部，二十类：儒家类、道家类、法家类、名家类、墨家类、纵横家类、农家类、杂家类、小说家类、神仙类、释氏类、兵书类、历象类、阴阳家类、卜筮类、形法类、医书类、音乐类、杂艺类、类书类。

集部，七类：楚辞类、总集类、别集类、诗集类、歌词类、章奏类、文史类。

《直斋书录解题》与《郡斋读书志》不同的是，没有总序和各部大序，在五十三个类目中只有九类有小序，即经部的语孟、小学，史部的起居注、时令，子部的农家、阴阳家、音乐，集部的诗集、章奏。但是，它对每本书都著录有卷数、编撰者姓名和提要即"解题"，其解题内容与《郡斋读书志》的提要各有不同侧重，如对欧阳修文集的著录，《晁志》侧重于对作者的介绍与评论，而《陈录》除了对作者的介绍及评论外，还有对图书的内容、流传及版刻的介绍及评论，尤其是对版刻的介绍十分详细。再如对韩愈文集的著录，《陈录》一共著录了三个本子，一是当时流传的《昌黎集》四十卷、《外集》十卷。二是《昌黎集》四十卷、《外集》一卷、《附录》五卷、《年谱》一卷、《举正》十卷、《外钞》八卷。其解题云："《年谱》，洪兴祖撰，莆田方崧卿增考，且撰《举正》以校其同异，而刻之南安军。《外集》但据嘉祐蜀本刘煜所录二十五篇，而附以石刻联句、诗文之遗见于他集者。及葛峤刻柳文，则又以大庚丞韩郁所编注诸本号《外集》者，并考校疑误，辑遗事，共为《外钞》刻之。"三是《校定韩昌黎集》四十卷、《外集》十卷。《直斋书录解题》的解题，对图书的介绍尤其对图书的撰著、流传、刻印及各版本的比较评价，更为详细、具体。据初步统计，《直斋书录解题》对图书版本的著录，包括浙本、闽本、川本等地方刻本和官府刻本、某某私家刻本、某家书坊刻本及书院、寺院刻本，还有他亲自传录的手抄本。这一方面反映了他收藏图书之丰富、版本之多；另一方面也说明他精通版本，重视对图书版本的著录。

《直斋书录解题》一书共著录图书五万一千一百八十卷，超过了南宋官修目录《中兴馆阁书目》所著录的四万四千四百八十六卷。可以说，它基本反映了当时流传于世的图书情况，因此受到了当时与后世学者的好评，周密《齐东野语》卷一二赞其"极其精详"。《四库总目提要》卷八五谓："古书之不传于今者，得藉是以求其崖略；其传于今者，得藉是以辨其真伪，核其异同，亦考证之所必资，不可废也。"陈振孙认真考核后撰写的解题，不但成为马端临撰写《文献通考·经籍考》的主要根据，也使后世对其中一些散佚不传的图书能知其大概。

2. 校雠图书，发扬扫灰尘精神

宋代藏书家们对图书进行整理的另一项工作，是对图书进行认真校雠订误，并长期坚持不辍。"校书如扫尘"，这一至今仍为学者文人奉为至理名言，就是宋代藏书家总结出来的，也是宋代藏书家们校书实践的真实写照。

沈括《梦溪笔谈》卷二五载云："宋宣献博学，喜藏异书，皆手自校雠，常谓校书如扫尘，一面扫，一面生，故有一书每三四校，犹有脱谬。"宋宣献即宋绶（991—1040），是宋代著名的大藏书家，家藏图书二万多卷，所藏图书以校雠精审著称于时。其子宋敏求不但承继父亲的藏书事业，扩大了家藏图书，也继承发扬了其父用扫灰尘精神校书的家风。苏颂《苏魏公文集》卷五一《龙图阁直学士修国史宋公神道碑》称："家书数万卷。多文庄（杨徽之）、宣献（宋绶）手泽与四朝赐札，藏秘惟谨。或缮写别本，以备出入。退朝则与子侄缮雠订正，故其收藏最号精密。平生无他嗜好，惟沈酣简牍以为娱乐，虽甚寒暑，未尝释卷。"朱弁《曲洧旧闻》卷四记载："宋次道龙图（引者按：宋敏求字次道，晚年官拜龙图阁直学士）云：'校书如扫尘，随扫随有。'其家藏书皆校三五遍者。世之蓄书，以宋为善本。"

南宋藏书家们继承北宋藏书家们的优良传统，继续发扬"扫灰尘"精神，同样十分重视对图书进行认真校雠订误。仍以晁公武、陈振孙为例，在他们所撰《郡斋读书志》与《直斋书录解题》中就有他们本人"日夕躬以朱黄，雠校舛误"的许多记录。兹各举数例如下：《晁志》卷一《易类》"《石经周易》十卷，《周易指略例》一卷"条谓：

右伪蜀广政辛亥孙逢吉书。广政，孟昶年号也。《说卦》"乾，健也"以下有韩康伯注，《略例》有唐四门助教邢璹注。此与国子监本不同者也。以蜀中印本校邢璹注《略例》，不同者又百余字。详其意义，似石经误，而无他本订正，姑两存焉。

《晁志》"《方言》十三卷"条：

右汉扬雄子云撰，晋郭璞注。雄赍油素，问上计孝廉异语，悉集之，题其首曰"輶轩使者绝代语释别国方言"。予传本于蜀中，后用国子监刊行本校之，多所是正，其疑者两存之。然监本以"鼕"为"秋侯"，以"雯"为"更"，引《传》"糊其口于四方"作"糊予口"，未必尽得也。

又"《曾子》二卷"条谓："考其书已见于《大戴礼》，世人久不读之，文字谬误为甚。乃以《大戴礼》参校之，其所是正者，至于千有余字云。"《魏国忠献公别录》三卷条：谓"右皇朝韩魏公琦相仁宗、英宗，其门人王岩叟记其言论事实。然以《国史》考之，其岁月往往牴牾，盖失之诬也"[①]。《太玄经》十卷条谓："右汉扬雄子云撰。雄作此书，当时已诮其艰深，其后字读多异。予尝以诸家本参校，不同者，疏于其上。"[②]"《老子道德经》二卷"条谓：

因以诸家本参校，其不同者近二百字，互有得失，乙者五字，注者五十五字，涂者三十八字。其间徽宗御注最异。诸本云："天下柔弱莫过于水，而攻坚强者莫之能胜，以其无能易之。"而御注作："天下莫柔弱于水，而攻坚强者莫之能先，以其无以易之也。"诸本云："恬淡为上，胜而不美，而美之者，是乐杀人者，不可得志于天下矣。吉事尚左，凶事尚右。偏将军处左，上将军处右，言以丧礼处之。"御注作："恬淡为上，故不美也。若美，必乐之。乐之者，是乐杀人也。夫乐杀人者，不可得志于天下矣。故吉事尚左，凶事尚右。偏将军处左，

① （宋）晁公武：《郡斋读书志》卷九《传记类》，上海古籍出版社1990年版。

② 《郡斋读书志》卷十《儒家类》。

宋　佚名　《勘书图》

上将军处右，言居上则以丧礼处之。"其不同至如此①。

在《晁志》中还有很多这样的校书记载，不再一一列举。再看《直斋书录解题》，也有很多关于陈振孙本人校勘书籍的著录，如对朱熹撰"《诗集传》二十卷"的解题中说："今江西所刻晚年本，得于南康胡泳伯量，校之建安本，更定者几什一云。"《元和姓纂》十卷解题云：

唐太常博士三原林宝撰。元和中，朔方别帅天水阎某者，封邑太原以为言。上谓宰相李吉甫曰："有司之误，不可再也。宜使儒生条其源系，考其郡望，子孙职任，并总缉之。每加爵邑，则令阅视。"吉甫以命宝，二十旬而成。此书绝无善本，顷在莆田以数本参校，

_____

① 《郡斋读书志》卷一一《道家类》。

仅得七八，后又得蜀本校之，互有得失，然粗完整矣。

又"汉小黄令梁焦延寿赣撰《易林》十六卷"解题谓：对此书"求之累年，宝庆丁亥始得之莆田。皆韵语古雅，颇类《左氏》所载《繇辞》。或时援引古事，间尝筮之，亦验。颇恨多脱误。嘉熙庚子从湖守王寺丞侑借本两相校，十得八九。其中亦多重复，或诸卦数爻共一繇，莫可考也"。再如"《高氏小史》一百三十卷"条解题称："唐殿中丞高峻撰。本书六十卷，其子迥分为一百二十。盖钞节历代史也。司马温公尝称其书，使学者观之。今案《国史志》凡一百九卷，目录一卷。《中兴书目》一百二十卷，止于文宗。今本多十卷，直至唐末。""此书旧有杭本，今本用厚纸装襓夹面，写多错误，俟求杭本校之。"《景祐太一福应集要》十卷，解题称其家所藏之本"字多讹，未有他本可校"。《京氏参同契律历志》一卷称"虞翻注。专言占象而不可尽通，字亦多误，未有别本校"[①]。后二例从另一方面说明陈振孙对家藏图书都是广收版本进行校勘，以至因这两书无他本可考，特地说明。

除了晁公武、陈振孙对本人藏书、校书有较详细具体的记载外，文献资料中还有很多关于南宋藏书家校书的记载，如绍兴三十一年（1161）官拜尚书右仆射的朱倬（1086—1163）家藏书数万卷，皆手自校雠。李光之子李孟传（1136—1219），性嗜书，至老不倦，藏书万卷，悉置左右，翻阅绅绎，周而复始，每得异书，手自校勘，竟其遍乃止。与周必大交往甚密，晚舍为邻，把酒论文无虚日的王伯刍（1132—1201）"喜藏书，《六经》诸史日夜校雠笺训"。与郑樵为金石交的福建莆田藏书家林霆聚书数千卷，皆自校雠，谓子孙曰："吾

----

① 《直斋书录解题》卷一二《卜筮类》。

为汝曹获良产矣。"① 绍定初除同知枢密院事的鄞县（今属浙江宁波）人袁韶（1161—1237），一生抄书、购书不辍，筑堂贮书"手校九经，旁说疑义，皆附书左右，最为精善"②。类似的例子举不胜举。诚然，有些记载或许有夸大溢美之词，但有一点可以肯定，南宋藏书家们大都是学有专长的文人学者，又惜书如命，潜心学问，是否校书万卷甚或数万卷暂且不论，他们对图书校雠的重视和专心致志、锲而不舍，即如扫灰尘一样坚持不辍则是较为普遍的现象，既是继承前代藏书家们的优良传统，也为后世藏书家树立了榜样。

3. 著录研讨，首建雕版图书版本之学

广收异本，珍藏善本

由于雕版印刷在南宋已得到广泛运用，使得藏书家们购置图书更加方便容易，而购置的图书不但内容种类十分丰富、广泛，而且由于刻印图书的地域不同、主体不同，形成了不同的版本，即所谓的杭本、蜀本、闽本与官刻本、私家刻本、坊刻本、书院刻本等。南宋藏书家们在收藏图书时已有了很强的版本意识，广收异本，珍藏善本，并详加校勘。如宁宗朝官拜同知枢密院事、参知政事的藏书家楼钥（1137—1213），平时对图书不管是刻本、抄本，必一一收藏，亲手校雠。至晚年为得潘景宪的八十二篇本《春秋繁露》，仍辗转访求，必欲得之而后快。他曾自述访求此书云："《繁露》行世者，皆不合《崇文总目》及欧阳文忠公所藏八十二篇之数，余老矣，犹欲得一善本，闻婺女潘同年叔度景宪多收异书，属其子弟访之，始得此本，果有

---

① 《宋史》卷四三六《郑樵传》。

② （元）袁桷：《清容居士集》卷二二《袁氏旧书目序》，浙江古籍出版社 2015 年版。

廖莹中世彩堂刻本《昌黎先生集》

八十二篇。"[1]

　　南宋藏书家们广收异本，寻求善本，并不是为了猎奇，而是为了在整理校勘图书时，对同一图书的不同版本进行广泛认真的参互校对，编刻新的刻本、善本。以方崧卿整理刊刻《昌黎先生集》为例，其《韩文举正·序》云：

　　韩文自校本盛行，世无全书。欧公谓韩文印本初未必误，多为

————————
① 《攻媿集》卷七七《跋春秋繁露》。

132

校雠者妄改。仆尝得祥符中所刊杭本四十卷，其时犹未有外集，今诸集之所谓旧本者，此也。既而得蜀人苏溥所校刘、柳、欧、尹四家本，此本嘉祐中尝刊于蜀，故传于世。继又得李左丞汉老、谢参政任伯所校秘阁本。李本之校阁本最为详密，字之疑者皆标同异于其上，故可得以为据。大抵以公文石本之存者校之，阁本常得十九，校本得十七，而蜀本得十五六焉。今只以三本为定，其诗十卷则校之唐令狐氏本。碑志祭文则以南唐保大本兼订焉。其赵德文录《文苑英华》、姚宝臣《文粹》，字之与旧本合者，亦以参校，诸本所不具而理犹未通者，然后取之校本焉。韩文旧本皆无一作蜀文，间有一二亦只附见篇末，今皆一遵旧本而别出。此书字之当刊正者，以白字识之，当删削者以圈毁之，当增者位而入之，当乙者乙而倒之，字须两存而或当旁见者，则姑注于其下，不复标出。阁与杭蜀皆同，则合三本而言之，同异不齐，则志其长者。

据此序，方崧卿对韩集的整理校勘用了不下十种版本，计有：旧本、古本、校本、刊本、别本、新监本、旧监本、李本、谢本、唐等。旧本指"祥符中所刊杭本四十卷"；古本指"唐人之旧也"。唐本指唐令狐氏本，是"唐令狐绚之子澄所藏本，咸通十一年（870）书，止有诗赋十卷"，几乎将当时流行的韩愈诗文版本全部搜罗殆尽，然后认真校对，指出各本的不同、特点及不足。又周必大《欧阳文忠公集跋》载其对欧阳修《欧阳文忠公集》的整理校勘云：

《欧阳文忠公集》，自汴京、江、浙、闽、蜀，皆有之。前辈尝言公作文揭之壁间，朝夕改定。今观手写《秋声赋》凡数本，《刘原父手帖》亦至再三，而用字往往不同，别本尤多。后世传录既广，又或以意轻改，殆至讹谬不可读。庐陵所刊抑又甚焉，卷帙丛脞，略无统纪。私窃病之，久欲订正，而患寡陋，未能也。会郡人孙谦益老于儒学，刻意斯文；承直郎丁朝佐博览群书，尤长考证，于是遍搜旧本，傍采先贤文集，与乡贡进士曾三异等互加编校，起绍熙辛亥春，迄庆元丙辰夏，成一百五十三卷，别为附录五卷，可缮写模印。惟《居士集》经公决择，篇目素定，而参校众本，有增损其辞至百字者，有移易后章为前章者，皆已附注其下。如《正统论》《吉州学记》《泷冈阡表》，又迥然不同，则收置外集。自余去取因革，粗有据依，或不必存而存之，各为之说，列于卷末，以释后人之惑。第首尾浩博，随得随刻，岁月差互，标注抵牾，所不能免。其视旧本，则有间矣。既以补乡邦之阙，亦使学者据旧鉴新，思公所以增损移易，则虽与公生不同时，殆将如升堂避席，亲承指授，或因是稍悟为文之法，此区区本意也。

从周必大此篇跋文亦可知，他对欧阳修诗文集的校勘整理，收集版本之多、校勘之认真，完全可与方崧卿编刻韩集相媲美。经过周必大对欧阳修诗文等著作的整理校对后刻印的《欧阳文忠公集》，订正了当时流传的欧阳修文集各种版本的许多错误，从此欧集有了定本，代替了之前流传的其他各种版本。

再如岳飞之孙岳珂（1183—1242），家藏书颇多，而多异本、珍本。他为校刻九经收集贮藏的各种九经刻本就有二十三种之多，在校勘九经时"以家塾所藏诸刻，并兴国于氏、建安余仁仲本，凡二十本。又以越中旧本注疏、建本有音释注疏、蜀注疏合二十三本。专题本经名士反复参订，始命良工入梓。其所撰《相台书塾刊正九经三传沿革例》，于书本、字画、注文、音释、句读、脱简、考异皆罗列条目，详审精确，不可不家置一编也"[①]。另据周密《癸辛杂识》后集记

---

① （清）钱泰吉：《曝书杂记》卷上，中华书局 2020 年版。

载，贾似道、廖莹中刻书时，"其所援引多奇书"，而廖氏所刻之书世彩堂本在当时就被认为是善本而珍藏之。

尤袤《遂初堂书目》，首创著录图书版本

在南宋士大夫中，不但出现了诸如楼钥、方崧卿、岳珂、廖莹中这样数十年广求异本、善本，同时对图书详加校对，整理、编刻新的善本的藏书家，也有如陈振孙的《直斋书录解题》在为家藏图书编目时注意著录版本，介绍图书的版刻情况，而且还出现了专门著录版本的家藏图书目录，这就是宋代流传下来的另一著名的私家藏书目录——尤袤的《遂初堂书目》。

尤袤（1127—1194），字延之，常州无锡（今属江苏）人，绍兴十八年（1148）进士，为泰兴令。历秘书丞兼国史院编修官、实录院检讨官，著作佐郎兼太子侍读等职，孝宗朝除太常少卿兼中书舍人。光宗朝，官终礼部尚书，卒赠金紫光禄大夫，谥文简。袤尝取孙绰《遂初赋》以自号，光宗书匾以赐，故用"遂初"命其堂，为其藏书之处。陈振孙《直斋书录解题》卷一八称其为"淳熙名臣，藏书至多"，"藏书为近世冠"。关于尤袤藏书事，杨万里《益斋藏书目序》记载："延之于书靡不观，观书靡不记"，"每退，则闭户谢客，日计手钞若干古书。其子弟亦钞书，不惟延之手钞而已也；其诸女亦钞书，不惟子弟钞书而已也"。杨万里《诚斋集》卷七九还载尤袤之言："吾所钞书，今若干卷，将汇而目之，饥读之以当肉，寒读之以当裘，孤寂而读之以当友朋，幽忧而读之以当金石琴瑟也。"从杨万里此序中可知，尤袤的《遂初堂书目》又名《益斋书目》，载录了尤袤及其子弟、子女以抄书为主要形式蓄积的图书。

《遂初堂书目》共著录尤袤家藏图书三千二百余种，按经、史、子、集四部分类，部下有类，每种图书只记书名，无卷数、无撰人姓名，亦无解题，但在书目下却广记版本，有的一书记有数本。如史部正史类著录：

"川本《史记》、严州《史记》、川本《前汉书》、吉州本《前汉书》、越州《前汉书》、湖北本《前汉书》、川本《后汉》、越本《后汉书》、旧杭本《三国志》、旧杭本《晋书》、川本《三国志》、川本《晋书》、旧本《晋书》《南史》、旧本《北史》《宋书》《南齐书》《梁书》《陈书》《魏书》《北齐书》《后周书》、旧杭本《前唐书》、旧杭本《后唐书》、川本小字《旧唐书》、川本大字《旧唐书》《旧五代史》。"这中间著录的《前汉书》有四种版本，《晋书》与《后唐书》都有三种版本。据粗略统计，《遂初堂书目》所著录的版本有成都石刻本、杭本、旧监本、京本、高丽本、江西本、川本、严州本、吉州本、越本、湖北本、旧杭本、川本小字、川本大字、朱子新定本等。《遂初堂书目》这种在书目中详记版本的著录方法，被认为是开创了后世版本目录学的先河，在我国目录学发展史上具有重要地位。

叶梦得对雕版印刷及其图书的研究

宋代藏书家在编制书目、著录版本的同时，还对当时虽已得到广泛运用，但还属于新生事物的雕版印刷及其图书版本进行了研究，产生了如叶梦得这样研究雕版印刷的专家。对此，叶梦得在《石林燕语》卷八中对雕版印刷有三个方面的看法：

首先，关于雕版印刷的起始问题，叶梦得说："世言雕版印书始冯道，此不然。但监本《五经》板，道为之尔。柳玭《家训序》言其在蜀时，尝阅书肆，云'字书、小学率雕版印纸'，则唐固有之矣。但恐不如今之工。"从这条记载，可以看到宋人对雕版印刷起始问题的讨论。见于记载的还有朱翌《猗觉寮杂记》卷六，也认为雕印文字唐以前无之，唐末益州始有墨版。

叶梦得，选自清代成书的《吴郡名贤图传赞》

其次，关于雕版刻印的图书与写本的关系，叶梦得认为："唐以前凡书籍皆写本，未有模印之法，人以藏书为贵，书不多有，而藏者精于雠对，故往往皆有善本。"有了雕版印书后，"学者易于得书，其诵读亦因灭裂，然板本初不是正，不无讹误，世既一以板本为正，而藏本日亡，而讹谬者遂不可正，甚可惜也"。

最后，他对当时各地刻印的图书进行了比较研究，总结分析道："今天下印书，以杭州为上，蜀本次之，福建最下。京师比岁印板。

殆不减杭州，但纸不佳。蜀与福建多以柔木刻之，取其易成而速售，故不能工。福建本几遍天下，正以其易成故也。"从这段话中可以看到，叶梦得对雕版印书的研究涉及雕版用的木料质地、印书用纸与刻工等诸方面，指出了当时北宋刻印图书的四个中心：杭州、四川、福建、开封。这一记述还反映了宋代图书生产、流通的加速与高度发展的商品化倾向，因此，这一段话成为研究宋代雕版印刷和图书业的珍贵材料，它连同叶梦得其他关于雕版印刷的记述，几乎为所有研究中国图书印刷史的学者注意与重视，也几乎为所有关于中国出版印刷史与版本学发展史的研究论著所引用。所以，叶梦得是我国最早对雕版印刷进行系统研究者之一，也就是说，关于雕版印刷的版本学，是宋代如叶梦得、尤袤这样的藏书家建立的。

我国近代著名学者、目录学家姚名达指出："校勘学（狭义校勘学）、版本学、刊刻学之确立，自兹（宋代）始也。"[①] 通过以上对宋代藏书家的图书编目、整理、校勘与版本研究的考察总结，证明姚名达的这一结论是符合历史实际的，是正确的。而校勘学、版本学、刊刻学、目录学等的确立，应当归功于宋代的藏书家们。

---

① 姚名达：《中国目录学史·校雠篇·私家校雠》，上海古籍出版社 2002 年版。

第三章

南宋的寺观藏书

文鑑序

奉議大夫試禮部尚書兼翰林學士兼侍讀
兼……事兼修國史管城縣開國子食邑
……賜紫金魚袋臣周必大奉

勑

葢盛衰主乎氣辭之工拙存乎理昔者
世人有所養而教無異習故其氣之盛
其物小大無不浮其理之明也如燭照
殊不通國家一有殊功異德卓絶之跡
而天下至於士民皆能正列其義被飾

一　人……序

張明刋

……最於詩詠於詩略可考已後世家異
……大之不充而委靡之習勝道德之
……仲之說入作之弗振也索之易窮也
……於陵絶日馳驅無以致遠博土爲像
……而中美取焉此豈獨學者之罪哉上
……而不否則不泰道不晦

天啓

……天武取五代破碎之天下而混一之
……汲汲乎以垂世立教爲事
……者知尊周孔游談者
……毫者……出於一援

第三章

南宋的寺观藏书

自佛教传入中国，东汉明帝时在首都洛阳建造了我国历史上第一座寺院白马寺后，寺院作为僧人生活、修行的场所，随着佛教的广泛传播，不但占据名山大川，遍布都市乡邑，还见于穷乡僻壤，成为各地占地最广、构造最为雄伟壮丽的建筑。各寺院为了僧徒们诵经、作法事与修行的需要，将口授佛经与汉译佛经以及从域外传来的佛经进行抄录、整理，收藏于寺院，这就有了最早的寺院藏书活动。所以，从一定意义上说，寺院藏书是随着佛教传入中国后的诵经、译经而开始的，而寺院最早的藏书是佛经。

在东汉产生的中国本土宗教道教，借托老子为其祖师，以道家经典为道经之基础，又广泛吸收神、仙、鬼巫之术，纳入自己的教理、教义，但以道家经典为主。

寺观藏书与官府、私家、书院藏书一起成为中国古代四大藏书系统，它是随着佛道的发展而发展的。就寺院藏书而言，随着魏晋南北朝时期佛教的大发展，不但汉译佛经成倍增长，还出现了不少解释、研究佛教经典的著作以及记述寺院僧人、佛教徒活动等与佛教相关的书籍、碑刻。这就为寺院扩大了藏书来源；与此同时，历代最高统治者对佛教的大力支持，予以政治、经济上的种种特权，也使各地寺院有了收藏图书的经济基础与实力。但是，在雕版印刷未发明与未广泛运用之前，寺观藏书都是手写的图书，藏书的规模与数量受到很大限制。而唐代开始在部分士大夫中出现排佛老倾向，除了佛老经典之外，寺观作为较为封闭的宗教场所，与官方藏书、私家藏书的规模、数量、种类无法比拟，所藏图书主要是佛老典籍及与此相关的图书。

　　根据留存的实物文献，最早雕版佛经是在唐后期咸通年间，五代吴越时则开始对佛经进行批量刻印，到了宋代，对佛教经典进行整体开雕，印刷为《大藏经》，这也为寺院收藏佛教典籍带来了极大便利，尤其是随着佛道的世俗化、儒佛道三教合一，佛、道为包括士大夫在内的全社会各阶层所接受与尊奉，出现了更多的宣扬佛道、研究佛道、记述佛道发展的著作、图书，使寺观藏书更加丰富多彩。与此同时，为了进一步争取士大夫们的支持，也为了研究、吸收儒家学说以发展佛老，寺院道观也注意收藏儒学经典及相关图书，使寺院道观不再仅仅是封闭的佛道圣地，而是成为对上自最高统治阶层、下至平民百姓开放的社会活动场所。随着佛道的世俗化、寺院道观的开放性与社会化程度的提高，寺观图书收藏功能有了飞跃性变化，正式成为我国古代四大藏书系统之一。

宋代佛道政策与南宋佛道的恢复发展

宋代建立后，鉴于后周世宗实行灭佛毁寺的过激政策影响了社会稳定的教训，宋太祖赵匡胤下诏停止后周对佛教实行的打击政策。为了表示对佛教的支持，太祖还召见了"出游西域二十余年"的沧州僧道圆，"赐以紫衣及金币"[1]，乾德四年（966）又赐钱三万，资助僧行勤等一百五十人游历西域。而为了宣扬佛教，开宝四年（971），宋太祖还派遣张从信前往四川益州雕《大藏经》，据《开元释教录》所载依次刊行，历时十余年，至太平兴国八年（983）完成，共五千多卷，十三万版。这是我国历史上第一次大规模雕印的汉文《大藏经》，世称《开宝藏》。宋太宗赵光义继续推行太祖恢复发展佛教的政策，在五台山、峨眉山、天台山大建佛寺。真宗在位时更是大力提倡佛教，太宗作《圣教序》，真宗"亦继作，悉编入经藏"，并亲撰《释氏论》，宣称"释氏戒律之书，与周、孔、荀、孟迹异道同"。

与此同时，赵宋王朝也大力提倡道教。宋太宗曾专门召见华山道士陈抟（？—989），赐号"希夷先生"，并在开封、苏州等地建立道观。真宗、徽宗对道教的推崇、提倡更是不遗余力，大中祥符二年（1009）十月甲午，真宗下诏："诸路、州、府、军、监、关、县择官地建道观，并以'天庆'为额。民有愿舍地备材创盖者，亦听。"[2]第二年，真宗又派遣官员修葺舒州灵仙观、常州宜兴洞灵观。真宗在位后期，为粉饰太平，伪造天书降临，虚构一赵姓祖先赵玄朗为道教的天神，尊为"太上混元皇帝"，再次在都城开封和各地广建宫观。

---

[1] （宋）李焘：《续资治通鉴长编》卷六，乾德三年十一月戊午条纪事，中华书局2004年版，简称《长编》。

[2] 《长编》卷七二。

其中在开封所建玉清昭应宫、会灵观以宰相领使；各地所建宫观以"提举某某宫"的形式安置退职大臣，并成为一项制度。宋徽宗赵佶则自称是神霄帝君临凡，甚至指使道录院册自己为"教主道君皇帝"。此外，他还对道士封官授禄，置道阶，设道官，等级有差，不一而足。

在宋代最高统治者的提倡下，佛教在后周被毁败的局面得到恢复，道教则有了进一步发展。据《宋会要辑稿·道释》一之一三至一四载：国初，两京、诸州僧尼六万七千四百三人，岁度千人，平诸国后，籍数弥广，江、浙、福建尤多。僧三十九万七千六百一十五人，尼六万一千二百三十九人。其中僧尼数位列前三位的是：福建七万一千八十人、川峡五万六千二百二十一人、江南五万四千三百一十六人。

景祐元年（1034），僧三十八万五千五百二十人，尼四万八千七百四十二人。庆历二年（1042），僧三十四万八千一百八人，尼四万八千四百一十七人。

熙宁元年（1068），僧二十二万七百六十一人，尼三万四千三十七人。（熙宁）十年（1077），僧二十万二千八百七十二人，尼二万九千六百九十二人。

到了北宋后期，僧尼与男女道士数量更是有了快速增加。大观元年（1107）五月四日，臣僚上言："伏见天下僧尼比之旧额约增十倍，不啻数十万人。尝究其源，乃缘尚书祠部岁出度牒几三万道。"①每年尚书省祠部发放的度牒将近三万道，比之元丰年间要增加数倍，以致朝廷不得不加以限制。

南宋初，金兵南掠，包括一些名寺大刹在内的很多寺观毁于战火。如周必大《二老堂杂志》卷五载：镇江府"承平时寺极盛，楼观

---

① 《宋会要辑稿·职官》一三之二三——二四。

几万楹，兵乱后十无一二"。范成大《吴郡志》卷六载：苏州"建炎兵烬，所存惟觉报小寺及子城角天王祠"。陆游《渭南文集》卷一九载：越州（今浙江绍兴）法云禅寺遭"建炎庚戌兵燹之祸"，"首废于火，一瓦不遗"。江西高安大中祥符观，在"靖康之先，宫殿庑廊，金碧照耀，与逍遥福地争雄"，而在南宋之初"厄于兵火，所存无几，仅于三清殿以祀紫庭香火"[①]。太平州天庆观"（靖）康、建炎初，干戈俶扰，劫火洞然"，除"昊天、圣祖二殿"外，化为荆榛瓦砾之场。对于南宋初寺院被破毁情景，时人孙觌（1081—1169）在《抚州曹山宝积院僧堂记》（《鸿庆居士集》卷二十一）中记载道："自佛法入中国，至宋兴，逾千年，衡岳、庐阜、钱塘、天台，佛僧之盛甲天下。靖康夷狄之乱，一变为茨棘瓦砾之场。"另李纲（1083—1140）在南宋初所撰《汀州南安岩均庆禅院转轮藏记》（《李纲全集》卷一三三）中亦称："今天下兵革未息，盗寇蜂起。凡通都会邑、名山奥区，所谓大禅刹者，焚爇摧毁，盖不可胜计。其间经藏，金碧相辉，化为灰烬瓦砾之场者多矣。"而据对《咸淳临安志》所载全部寺观尼院的逐一查检，南宋初临安城内外被毁于战火的寺观有十五座之多。

针对以上情况，南宋最高统治者继续推行北宋时扶持佛道发展的政策，在宋金军事力量基本达到均衡，尤其是绍兴和议签订之后，随着南宋的经济文化恢复发展，各地被毁的寺观也得以重建，寺观与僧尼道士的数量有了较快的恢复增加。以福建福州地区为例，据《淳熙三山志》卷三三记载：

> 唐自高祖至于文宗二百二十二年，寺止三十九，至宣宗乃四十一，懿宗一百二，僖宗五十六，昭宗十八。殚穷土木，宪写宫省，

---

① 雍正《江西通志》卷一二六，中华书局 2001 年版。

极天下之侈矣。而王氏入闽，更加营缮，又增寺二百六十七，费耗过之。自属吴越，首尾才三十二年，建寺亦二百二十一。虽归朝化，颓风弊习，浸入骨髓。富民翁妪，倾施赀产，以立院宇者亡限。庆历中，至一千六百二十五所，绍兴以来止一千五百二十三，今州籍县申犹一千五百四。

就南宋全国来说，绍兴二十七年（1157）八月，高宗曾问权礼部侍郎贺允中今僧道之数，贺允中回禀说："道士止有万人，僧有二十万。"需要指出的是，当时的南宋疆域大致只有北宋的五分之三，故僧道总数二十一万，比之北宋承平时并未减少，无怪乎高宗感叹道："朕谓目今田业多荒，不耕而食者犹有二十万人，若更给卖度牒，是驱农为僧。且一夫受田百亩，一夫为僧，即百亩之田不耕矣。"[1] 为了防止更多农民脱离农耕，加重国家财政负担，宋高宗虽然对卖度牒为僧在数量上加以限制，但对佛道总体还是持支持态度。其中最为明显的是亲自为一些寺院道观赐额、书额，并赐以御书御制，亲自临幸临安城内外及近郊的寺院道观。仅据《咸淳临安志》所载，南宋各帝对临安城内外题额、赐额、御书匾的寺院有数十座，如灵鹫兴圣寺，中竺、天宁、万寿、永祚禅寺等。他与孝宗及南宋各帝还曾多次临幸上天竺灵感观音寺、灵芝崇福寺等临安城内外寺院道观。如绍兴五年（1135）九月丙辰，高宗幸上天竺，以万岁香山供养菩萨，召住持应如赐对。如辩慧称旨，赐金帛，祠部度僧牒以勉修造。再如城外西郊的天申万寿圆觉院，高宗、孝宗"两朝皆临幸"。高宗"御书寺额'归云堂'扁及'三昧正受'四大字阁扁"，孝宗"赐御书《圆觉经》《圣制诗》二首"。高宗与孝宗还曾亲临位于临安近郊

---

[1] 《宋会要辑稿·道释》一之三四、三五。

的余杭径山寺，高宗"书'龙游阁'扁榜；孝宗皇帝书'兴圣万寿禅寺'，又赐以《圆觉经解》。'天下丛林，拱称第一'"①。又如对湖州常照院，高宗"赐御书'寂而常照，照而常寂'八字，以示名院本指，且赐'天申金刚无量寿阁'扁榜及紫檀刻佛号如来阁榜，悉御书也"。又一再赐"所临晋王羲之帖二十二纸，唐陆柬之《兰亭诗》一卷及米芾《史略帖》一卷，题团扇二柄，又赐白金助建立"②。

另外，南宋的很多皇后、妃子都有自己的功德院，对作为功德院的寺院，后妃本人及朝廷更是赐钱、赐地、赐经书。

南宋佛教在中国古代佛教发展史上另外值得一提的是，形成了以五山十刹为代表的一批著名寺院。据明人田汝成《西湖游览志余》卷一四记载，杭州内外及湖山之间，唐以前有寺院三百六十，宋室南渡后增为四百八十。为僧之派有三，曰禅、曰教、曰律。嘉定间品第江南各寺，以余杭径山寺、钱塘灵隐寺、净慈寺、宁波天童寺、阿育王寺为禅院五山；以钱唐中天竺寺、湖州道场寺、温州江心寺、金华双林寺、宁波雪窦寺、台州国清寺、福州雪峰寺、建康灵谷寺、苏州万寿寺、虎丘寺为禅院十刹；以余杭径山寺、钱唐上天竺寺、下天竺寺、温州能仁寺、宁波白莲寺为教院五山；以钱唐集庆寺、演福寺、普福寺、湖州慈感寺、宁波宝陀寺、绍兴湖心寺、苏州大善寺、北寺、松江延庆寺、建康瓦棺寺为教院十刹。

同样，对于道教宫观，南宋各帝、后亦支持有加。以位于余杭县内著名的道观洞霄宫为例，据《咸淳临安志》卷七五记载，南宋初毁于兵火，绍兴二十五年（1155），高宗下旨赐钱重建。乾道二年

---

① 《攻媿集》卷五七《径山兴圣万寿禅寺记》。

② （宋）陆游：《渭南文集》卷二一《湖州常照院记》，上海古籍出版社 2022 年版。

（1166）已退位为太上皇帝的高宗与太上皇后，专程乘舆临幸该宫，"御书《度人经》一卷以赐。又明年，太上皇后复来游。淳熙六年《道藏》成，八年赐藏经"。以后，南宋各帝对洞霄宫亦十分关心，"孝宗尝赐道士俞延禧画、《古涧松》诗，光宗皇帝又御书'怡然'二字，赐'延禧'为斋扁。宁宗皇帝御书'演教堂'，理宗皇帝赐内帑铸钟，御书《清净经》一卷及'洞天福地'四大字以赐"。

在最高统治者的支持扶植下，南宋佛道的寺院、宫观在建炎、绍兴初遭受战火破坏以后，得到较快的恢复，并有了进一步的发展。至南宋中期，正如朱熹指出的："今老佛之宫遍满天下，大郡至逾千计，小邑亦或不下数十，而公私增益，其势未已。"①这些遍布各地、数以万计的寺院宫观，成了南宋寺观藏书的基础，而以"五山十刹"与余杭洞霄宫为代表的一批在中国宗教发展史上有着重要地位与影响的寺院、宫观，则成为南宋寺观藏书的主体。

---

① （宋）朱熹：《朱文公文集》卷一三《延和奏札七》，国家图书馆出版社 2006 年版。

南宋寺院对佛教典籍的收藏

与前代后世所有的寺院一样，南宋寺院收藏的图书主要是佛教经典，而以收藏佛教经典总汇《大藏经》作为最大的愿望与目标。南宋收藏《大藏经》的寺院数量超越前代任何时期，这中间除了一部分是北宋所藏、少量是北宋之前留存下来的以外，主要由朝廷赐予、自身抄录、雕印，与地方乡绅、善男信女捐赠与资助而来。而自北宋始一直坚持的官方、私家（主要是僧人）对佛经的翻译与刻印，是使南宋寺院佛教典籍藏书得到快速发展的主要原因。

1. 宋代对佛经的翻译与刻印

自萧梁经隋至唐初，由于最高统治者的提倡，官方组织的大规模的译经、写经、抄经活动使佛教经典的种类与数量有了很大增加，如据《隋书·经籍志四》载："开皇元年，高祖普诏天下，任听出家。仍令计口出钱，营造经像。而京师及并州、相州、洛州等诸大邑之处，并官写一切经，置于寺内；而又别写，藏于秘阁。天下之人，从风而靡，竞相景慕，民间佛经多于《六经》数十百倍。"伴随着这种大规模的译经、抄经活动，又对佛教经典进行了整理、编目，出现了汇集诸多佛经与有关僧人所撰著作的《大藏经》，即《隋书·经籍志》所说的一切经。在这之后，唐五代无论是官方还是私人，对佛经经典的翻译一直没有停止过，唐代是中国历史上翻译佛经数量最多的时期，而《大藏经》的篇幅与内容也不断得到扩大与增加。至宋代，朝廷除了与前代一样支持、鼓励寺院僧徒个人译经外，也十分重视官方的译经，并专门设立官方翻译佛经的机构——译经院。后改译经院为传法院，又置印经院。雍熙元年（984）九月，"诏自今新译经论，并刊板摹印，以广流布"。雍熙三年（986）十月戊午，太宗御制《新译三藏圣教序》以冠经首，令刊石御书院。以后，又不断翻译，每新经出，太宗、真宗或有御制序、诏，与新译佛经一起雕版并编入《大藏经》。据统计，仅北宋太平兴国七年（982）至景祐二年（1035）的五十四年中，共译经五百六十四卷。而有学者考证，"至神宗元丰五年（1082）译经院（传法院）废置为止，百年之间，译经不辍，共译成二百五十九部，七百二十七卷梵经，仅次于唐代"[①]。

从上引《宋会要辑稿》等所载北宋译经活动可知，这些新译佛经一出，即连同御制、御序都加以雕印，并编入《大藏经》。所以，虽然史载南宋官方几乎未组织大规模的译经活动，但北宋所译的经卷为当时及南宋寺院所收藏的新内容，这使北宋中期之后尤其是南宋寺院收藏的佛经数量比前代又有了很大增加。

在译经并将所译经卷及时刻印的同时，宋代还多次大规模地雕印《大藏经》。自开宝四年（971），宋太祖派遣张从信前往四川益州雕《大藏经》后，神宗元丰三年（1080）第二次雕印《大藏经》，至徽宗崇宁二年（1103）完成，称《崇宁万寿大藏》，简称《崇宁藏》。此《大藏经》刻于福建福州东禅寺等禅院，全藏共六千一百零八卷，五百八十函，又称《东禅寺大藏经》、东禅寺本、闽版、闽本。

第三次雕刻的《大藏经》名为《毗卢藏》，雕刻于福州开元寺，又称福州开元寺本。宋徽宗政和二年（1112，一说政和五年），由开元寺的住持本明禅师等当时多位著名僧人募资私家雕刻，大约于高宗绍兴二十四年（1154）先刻成五百六十四函，至孝宗乾道八年（1172）又续刻禅宗部三函。总计五百九十五函，六千一百三十二卷。

第四次所刻《大藏经》名《思溪圆觉藏》，简称《思溪藏》，刻于南宋湖州，又称湖州本、湖州版《大藏经》。此《大藏经》系由曾

---

① 见黄启江：《宋代的译经润文官与佛教》，载《故宫学术季刊》1990 年第 7 卷第 4 期。

《碛砂藏》(径山寺藏)

官密州观察使的湖州思溪人王永从、曾官崇信军节度使的王永锡兄弟捐资，另由当地大慈院僧净梵、圆觉院僧怀深等募资所刻，开雕于北宋末，雕成于绍兴二年（1132），凡五百四十八函，五千四百八〇卷，一千四百二十一部。

宋代第五次所刻《大藏经》也是在湖州，开雕年月不详，淳熙二年（1175）完工，为安吉州（今浙江湖州）思溪资福禅寺向民间集资所刊，故称《思溪资福藏》，凡五百九十九函，五千七百四十卷。理宗宝庆元年（1225），湖州改称安吉州，故此《大藏经》亦称《安吉州藏》。

宋代所刻的最后一部《大藏经》名《碛砂藏》，于南宋嘉定九年（1216）由时为保义郎的武臣赵安国捐资、高僧法音等募资于平江府（今江苏苏州）碛砂延圣院开始雕刻。宝祐六年（1258）以后，因延圣院火灾和蒙古军南下而被迫中断。元大德元年（1297），又继续雕刻，

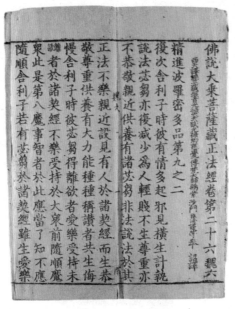

《碛砂藏》(径山寺藏)

到至治二年（1322）竣工。全藏计五百九十一函，六千三百六十二卷，一千五百三十二部。由于此藏大部分刻于南宋碛砂延圣院，故又称延圣院版、延圣寺版。

　　通过以上对宋代雕刻《大藏经》的简单回顾，可以发现，与译经主要集中在北宋中期前不同，以上宋代六次雕印《大藏经》，除了两次刻于北宋外，有四次都刻于南宋（其中《毗卢藏》始刻于北宋末，完成于南宋初），而六次雕刻都在南方地区，其中湖州两次，福州两次，蜀州（四川成都）、平江府（江苏苏州）各一次。这就为南宋寺院收藏《大藏经》提供了极大方便，从我们下面的考察也说明，南宋收藏《大藏经》的寺院也主要集中在当时的两浙路（现在的江浙沪）、福建路（今福建地区）与今四川成都及江西地区。

2. 南宋寺院的藏经殿与转轮藏

　　藏经殿是寺院收藏佛教经卷的处所，也是大型寺院中的主要建筑之一，在一些中小型寺院中即使没有藏经殿，也有藏经阁、藏经楼。由于宋代新译经卷数量的增加，以及对包括《大藏经》在内的佛教经典的雕刻，不但极大地丰富了宋代寺院的佛经收藏，也使寺院收藏佛经比前代更为方便，因此宋代寺院中特别重视藏经殿的建造。而随着佛教典籍数量的大幅增加，藏经殿的规模越来越大，越来越雄伟壮丽。如元祐七年（1092）九月，翰林学士范百禄（1029—1094）以中书侍郎与闻大政，追荣其曾祖、祖、父三世，在四川成都东北近郊之五里，以家族之力，筑佛庙以极崇奉之意，徽宗赐名"慈因忠报禅院"，"凡为屋二百楹"，"又度大藏为经阁在院西，其土从三十五尺，横七十七尺，为复屋直三而曲四。致饰甚严，所藏经五千四十八卷"①。南宋时期，更为重视藏殿的建造。处州龙泉县（今属浙江丽水市）只是南宋两浙东路一偏僻小县，其县西山集福教院建于唐代，一直无专门藏殿。北宋宣和末年，该寺主僧劝邑人相与施钱，将寺院扩建整新，"宏侈于其旧"，"既又储大木数千章"，修建藏经殿，于绍兴十四年（1144）"鸠工而为之"，落成于明年之秋。新建之藏殿"土木之崇高，像设之雕镂，经帙之整洁，遂甲于境内焉"②。再如明州余姚（今属浙江）福昌院寺，自绍兴初，该寺"僧惟岳更其殿而大之。法莲者为轮藏而屋之，体修者募其藏之书，皆未就而死。于是其徒中晖等五人，苦心强力，寸累铢积，不弛不亟，四十年而毕成，今其藏宇囷囷隆隆，金碧玲珑。函书满中殿，则翼翼鳞鳞，周楣重轩，

---

① （宋）黄庭坚：《山谷别集》卷四《成都府慈因忠报禅院经藏阁记》，民国《四部丛刊》本。

② （宋）张嵲：《紫微集》卷三二《处州龙泉西山集福教院佛经藏记》，文渊阁《四库全书》本。

像饰一新。盖其费缗钱二万焉"①。而在对藏殿的建设中，为了更好地宣传佛教教义，方便尊奉佛教的善男信女来寺院崇佛念经，南宋很多寺院广置转轮藏，建立轮藏殿。

所谓轮藏，就是可以旋转的放置佛经的装置，也就是佛经书架，寺院中放置轮藏的殿则称轮藏殿。关于轮藏的制作，据说最早源于南北朝时梁代佛教信士傅翕。宋代宗鉴大师所集《释门正统》卷三《塔庙志》载云：

> 诸方梵刹立经藏殿者。初，梁朝善慧大士傅翕，愍诸世人，虽于佛道颇知信向，然于赎命法宝，或有男女生来不识字者，或识字而为他缘逼迫不暇披阅者。大士为是之故，特设方便，创成转轮之藏，令信心者推之一匝，则与看读同功。故其自誓曰：有登吾藏门者，生生不失人身。又能旋转不计数者，是人所获功德，即与诵经无异。

关于轮藏及轮藏殿，唐代之前文献记载十分罕见，唐五代文献所载建有转轮藏的寺院也屈指可数。至宋代，寺院所建转轮藏日渐增多，对此，宋人感叹道：

> 昔韩梓材，唐之名儒也，尝为清泉寺作《轮藏记》，其间所载太和中率天下佛祠逾三万，其能置大藏者不过十百，然以唐较宋朝，其增置佛祠不啻数倍，而能置大藏者又何止于十百而已哉？②

生活于北南宋之交的叶梦得（1077—1148）说："吾少时见四方

---

① （宋）孙应时：《烛湖集》卷九《福昌院藏殿记》，嘉庆八年静远轩刊本。

② （元）袁桷：《延祐四明志》卷一八《释道考》下，宁波出版社《宋元四明六志》2011 年版。

为转轮藏者无几。比年以来，所至大都邑，下至穷山深谷，号为兰若，十而六七，吹蠡伐鼓，音声相闻，襁负金帛，踵蹑户外，可谓甚盛。"①

　　寺院的转轮藏从唐经北宋至南宋，数量、规模大增的过程中，对轮藏的建造也逐渐规范，并形成了一套制作制度与工艺。宋代著名土木建筑学家李诫（？—1100）《营造法式》卷一一《小木作制度六》对"造经藏之制"即收藏经卷的书架及转轮有十分详细、具体的记载，包括形状、规格、零部件及每一零部件的功能、尺寸大小。是书卷二三《小木作功限四》一节又专设"转轮经藏"一条，对转轮藏各部分的尺寸大小及造作功数作了详细的叙述，谓"转轮经藏，一坐八瓣，内外槽帐身造"。其主要部分有"外槽、帐身，腰檐平坐，上施天宫楼阁，共高二丈，径一丈六尺"。

　　据宋人所撰有关寺院建造转轮藏的记文，建造一座转轮藏，其费少则几百万贯，多则上千万贯。如黄庭坚撰《吉州隆庆禅院转轮藏记》（《山谷集》卷一八）谓吉州隆庆禅院所建"转轮经藏，木石金碧妙天下之材，百工妙天下之手，阅二岁而藏成，机发于踵，大车左旋，人天圣凡，东出西没，鬼工神械，耀人心目，其费无虑二千万"。南康军都昌县（今属江西）祇园禅院所建转轮藏从乾道九年（1173）至淳熙七年（1180）前后用了七年，总共花费一千万贯以上。

　　南宋时寺院所建转轮藏及藏殿规模越来越大，越来越华丽，轮藏及经匣越来越精巧，收藏经卷越来越多，这充分反映南宋寺院的佛教典籍收藏在数量及质量上都有了很大提高，其原因除了上述宋代重视译经，尤其是多次雕刻《大藏经》，使寺院得到经卷的渠道更多、

---

① 《建康集》卷四《建康府保守寺轮藏记》。

更方便外，还有宋代寺院比前代更具开放性，希望以此吸引民众来寺院念经作法事。对此，南宋初官拜宰相的李纲在《澧州夹山普慈禅院转轮藏记》（《李纲全集》卷一三三）一文中指出："创转轮藏，以贮佛语及菩萨语，关机斡旋，周行不息，运转一匝，则与受持诵书写一《大藏经》教等无有异。夫一《藏》教，其数五千四十八卷，一偈一句，含无量义。其有受持读诵书写，非积岁时晦明寒暑不能成就云何，乃于屈伸臂间、运动机轮，而得圆满。"

"于屈伸臂间、运动机轮，而得圆满"，对于那些笃信佛教、祈求菩萨保佑，却不愿对着青灯黄卷诵经念佛的善男信女来说，转轮藏是他（她）们最省时、省力，最方便的选择；而且这项拜佛诵经活动还带有一定的娱乐性，所以更能吸引一般民众。故凡有轮藏的寺院，"岁时邦人来会，稽首作礼，藏为旋转，或三或五，至于七，人人欢踊，各满志愿"[1]。人们"推挽所逮，有大音声发于其中，凡见闻瞻礼，咸极所至，祈禳感应辄如响"，"以故学佛喜舍之徒，常辐辏于三解脱门，斋储于是取给焉"[2]。而对于寺院来说，建造转轮藏还是一项"创收"活动，可以此增加经济收入，因为寺院创建转轮藏后，不但能吸引更多人前来烧香拜佛，而且一般人推转轮藏后，都要捐施一定钱财，有的寺院则明确规定推转轮藏要收费。如据庄绰《鸡肋编》（卷中）记载：平江府常熟县一般寺院的收费标准是每推转轮藏三圈，收费三百六十文；而南宋时"临江军惠历寺初造轮藏成，寺僧限得千钱则转一匝"，百姓才能了却"念为转藏以资冥福"的心愿[3]，以致普通百姓累月辛苦而不得遂其志。这种受商品经济发展影响，以增

---

① （宋）邹浩：《道乡集》卷二六《永州法华寺经藏记》，宗教文化出版社 2013 年版。

② （清）钱泰吉：《海昌备志》卷一二，方志出版社 2017 年版。

③ （宋）费衮：《梁溪漫志》卷一〇《惠历寺轮藏》，上海古籍出版社 1985 年版。

加经济收入为目的，也是宋代寺院大力建造转轮藏的重要原因之一。但是，不管出于何种目的，南宋寺院广建藏殿与转轮藏，反映了宋代寺院收藏佛教经典的普遍化，较之前代不但数量上有了明显增加，而且形成了宋代寺院收藏佛教经书的一个新的特点。

3. 南宋寺院对佛教典籍的收藏

由于北宋时新翻译了大量佛经，又加上自宋初起至南宋多次对包括《大藏经》在内的佛经的雕印，使宋时寺院收藏佛教经籍更为方便、容易；而随着佛教的世俗化、平民化色彩更加浓厚，开放程度更为扩大，寺院为了吸引更多的民众前来诵经拜佛，也更加注意佛教经典的收藏，这使南宋寺院佛教典籍的数量在北宋的基础上有了大幅度增长。

南宋寺院收藏的佛教经典包括两个方面，一是手抄，二是雕刻。手抄的经卷大都是前代留存下来的，如宋初都城开封新建的佑国寺内就有后唐明悟大师手写《大藏经》。而四川导江迎祥院经藏中，有唐人吴彩鸾用小字书写的佛本行经六十卷[1]。另如北宋时秀州华亭（今上海松江）海惠院藏有募人手抄的《大藏经》八百函，五千零四十八卷，又建转轮藏[2]。而北宋虔州（今江西赣县）崇庆禅院所藏宝轮藏，"于江南壮丽为第一，其费二千余万"，历时十六年抄成[3]。又据周密《齐东野语》卷一五《腹笥》条记载：湖州霅川南景德寺，为南渡宗子聚居之地，大殿皆椤木为之，佛像尤古，"藏经数百卷，多五代及国初时人手写，皆硾碧纸，金银书"。由于佛寺建筑雄伟坚

---

① （宋）张邦基：《墨庄漫录》卷三，中华书局 2002 年版。

② （宋）陈舜俞：《都官集》卷八《海惠院经藏记》，文渊阁《四库全书》本。

③ （宋）苏轼：《苏轼文集》卷一二《虔州崇庆禅院新经藏记》，中华书局 1986 年版。

固，故很多寺院中所藏前代经卷至南宋时仍能完好地保存下来，继续成为这些寺院的藏书。

南宋时，一些寺院也继续以抄经作为收藏佛经的途径，但是较之北宋，南宋寺院以抄经为主要方式来收藏经书经卷的现象已大为减少。特别是抄录《大藏经》这样的佛经总汇，既旷日持久，又需借用其他寺院的藏本，而自北宋初起几次刻印的《大藏经》，寺院可通过购置，快速、便捷地收藏《大藏经》。南宋时期，寺院新收藏的《大藏经》，都是刻本，僧徒与崇佛的善男信女抄写佛经主要不是以寺院收藏为目的，而是作为僧尼与崇佛男女修行的功课、祈佑的手段。这是南宋寺院佛经收藏与前代相比较为明显的不同，也是其显著特点。与此相联系的是，南宋时期能收藏佛经总汇《大藏经》的寺院数量较之唐及唐代之前，有了成倍增长，也超过北宋。据笔者收集的材料，南宋时期明确记载收藏有《大藏经》的寺院达一百多所，而这一百多所寺院又主要集中在今浙江、江苏、江西、湖南、四川、福建等地区。其中有不少寺院是南宋时新创建的，如上文在考察《大藏经》的雕印时所述福州东禅寺刻藏《崇宁藏》、福州开元寺所刻藏《毗卢藏》、湖州王氏兄弟在圆觉禅院所刻藏《思溪藏》、思溪资福禅寺刻藏的《思溪资福藏》，都是在南宋时刻印后收藏的。兹将南宋主要地区新收藏有《大藏经》的佛寺，择要介绍如下：

浙江地区

南宋时，今浙江地区新收藏《大藏经》的寺院，据顾志兴先生《浙江藏书通史》记载，有临安府上天竺讲寺，"淳熙元年（1174）孝宗赐《大藏经》五百函"。余杭崇福寺，"南宋景定年间（1260—1264）僧人寿涛建，有梵典五千余卷"。湖州（安吉州）道场护圣万寿禅寺，"宋理宗时，住持介清（？—1241）建观音藏殿，藏《大藏经》五千四百八十卷"。明州（庆元府）天王寺，乾道年间（1165—1173）朱世则舍金建夕阳阁藏经，并捐《大藏经》全藏藏之。除此之外，今浙江地区南宋时新收藏《大藏经》的寺院还有：临安府传法五藏院、湖州德清华岩禅院、瑞安府乐清白石净慧院、台州临海普安禅寺、越州诸暨接待院、明州余姚福昌院、处州龙泉西山集福教院。

（1）临安府传法五藏院

《咸淳临安志》卷八一：传法五藏院，"绍兴初建，以处流寓，院有宝藏五轮，一轮转而四轮随之"。

（2）湖州德清华岩禅院

华岩禅院，为武功大夫李从之（1087—1164）于绍兴七年（1137）致仕后，居湖州德清时所建。孙觌撰李从之墓志铭（《鸿庆居士集》卷三九）记述此寺建造及藏经云：

（李从之）吕山之东少北，卜地寿藏。斥地二千亩，手植松柏环之，从旁建一刹，重门步廊，穹堂奥殿，斋庑、宿庐、厨库之属几万础，塑佛菩萨像数十躯，建窣堵波，高三百尺，营一大经藏，储五千四十八卷，宝奁钿轴，纳之匦中，买田十顷，日食千余，指赐名华岩禅院，选一时名缁主之。

（3）瑞安府乐清白石净慧院

叶适所撰《白石净慧院经藏记》（《叶适集》卷九）谓此寺："始建于唐之龙纪，为广教集云。而今名净慧者，大中祥符之所赐也。其在政和，尝易为道士之观，而后还为院，既还而睦州盗起，焚于宣和之三年"，绍兴末，寺僧仲参重建，经乾道至淳熙三年（1176）而得以恢复，并创建昔之所无转经藏，"转经藏屋庐，闳丽像设，精严殆为一院之极"。

（4）台州临海普安禅寺

据王之望撰《台州重修普安禅寺记》（《汉滨集》卷一四）载：普安禅寺建于萧梁之世，旧为安众院，治平中赐额为普安禅寺。宣和末毁于战火，绍兴间恢复重建，"然山号宝藏，而经龛梵庋阙焉"。于是寺僧"乃书抵泸南帅冯公槭，得经五千四十八卷，规为转轮大藏，中栖千函，外覆大屋。学者恣取观之"。

（5）越州诸暨接待院

此院之"自大殿、经藏、西方阁、像设以及堂奥庑序"等，都由县丞与本县乡绅百姓捐助，于绍定（1228—1233）至淳祐（1241—1252）经数十年而建成①。

（6）明州余姚福昌院

《紫微集》卷三二《处州龙泉西山集福教院佛经藏记》记载：靠该寺两代寺僧"苦心强力，寸累铢积，不弛不亟，四十年而毕成"。该寺不但藏有《大藏经》，且建有转轮藏。

（7）处州龙泉西山集福教院

张嵲撰《处州龙泉西山集福散院佛经藏记》（《紫微集》卷三二）载：此院之建始于唐，虽历唐末寇盗与北宋末方腊之乱，均免于难。南宋绍兴间为新屋若干间，既又储大木数千，为经藏。土木之崇高、像设之雕镂、经帙之整洁，为境内寺院之甲。

---

① （元）吴师道：《敬乡录》卷一四《诸暨接待院记》，文渊阁《四库全书》本。

江苏地区

今江苏地区在南宋时新收藏《大藏经》的寺院有：建康府保宁禅寺、常州永庆禅院、常州无锡县资圣禅院、常州无锡县开利寺、常州无锡县崇安寺。

（1）建康府保宁禅寺

保宁禅寺建于吴大帝赤乌四年（241），后多次改名，至宋太平兴国中赐额曰"保宁"。叶梦得《建康集》卷四《建康府保宁寺轮藏记》："建康府保宁寺，当承平时，于江左为名刹，更兵火久废。今长老怀祖守其故址，于煨烬之余十有四年，堂殿门庑，追复其旧而一新之。后作转轮藏，余镇建康时见其始经营。"

（2）常州永庆禅院

孙觌《常州永庆禅院兴造记》（《鸿庆居士集》卷二二）谓：永庆禅院，本唐正勒寺，北宋时赐号"承天"，又改"能仁"。靖康之乱，几被毁，独存三门大殿一法堂。南宋初，妙觉大师法缘者主其院，恢复重建，"营大藏，聚书五千四十八卷而椟藏之"。

（3）常州无锡县资圣禅院

孙觌撰《常州资圣禅院兴造记》（《鸿庆居士集》卷二二）载：资圣禅院原名资寺，建于唐咸通（860—874）中，历两百余年至宣和末，"颓垣败屋，旁穿上漏"，破损不堪。南宋初，有清智大师普璇者至，改为资圣禅院，"稍募众力，斥舍旁地，寻丈积累，三倍于旧"。"然后聚佛书为高屋，建大藏楼，甄两轮间，俾出而读之。"

（4）常州无锡县开利寺

孙觌《常州无锡县开利寺藏院记》（《鸿庆居士集》卷二二）：开利寺兴自萧梁时，至宋，"至和中，有富有长者即寺之西南隅，除茀地，撤败庑数楹，始改筑焉。广宇穹堂，极一时巨丽"。建炎之乱，官军舍其中，不戒于火，一夕而烬。六七十年后，寺僧普能者奋然募款起废，居亡几，斋宫、宿庐、庖湢皆具，至者如归。然后鸠材数千张，敛钱数十万，营一大藏殿。殿成，以黄金、丹沙、瑠璃、真珠，旃檀众香，创宝轮藏，浮空涌地，间见层出，若化城然，龙天拥卫，鬼神环绕，光明晃耀，如百千日 [①]。

（5）常州无锡县崇安寺

崇安寺，东晋时名兴宁寺，历六代跨隋唐至五季因之不改。入宋，太平兴国初始赐名"崇安寺"。建炎之乱，废于兵火，表里洞然，无尺椽片瓦之遗。于是寺僧大比丘义深，除地西南隅，营所谓藏殿者。县人承信郎樊仲方施巨材数千丈，为钱一千万，又闻晋汉间马氏王南楚时有胡僧室刹缚罗，劫五轮宝藏于长沙间福院，规模宏丽，为天下最，好事者图其迹以传。义深访得之，殿成，依图命工建大轴贯其中，创五机轮。右承直郎高凤印施五千四十八卷纳之 [②]。

江西地区

今江西地区在南宋新收藏《大藏经》的寺院有：吉州龙须山寺、吉州安福县石泉寺、吉州安福县兴崇院。

（1）吉州龙须山寺

王庭珪所撰《龙须山转轮经藏记》详记其收藏《大藏经》及创建转轮藏云：

---

① 《常州无锡县开利寺藏院记》，《鸿庆居士集》卷二二。

② 《崇安寺五轮藏记》，《鸿庆居士集》卷二三。

吉州龙须山，昔有异僧法登禅师自曹溪得法来，遇长者龙须，于此地筑庵而留之，遂为登禅师道场，后人因以"龙须"名其山。旧无《大藏经》，绍兴甲寅（引者注：四年，1134），长老秉雍领众始募置满五百函，欲建法轮而屋之。会移锡隆庆而以怀宗踵其席，始谋建藏室于寺之西隅，度其费莫知所出，有居士刘存正、胡瑾、张孝闻而乐趋之，各出钱百万以上，由是施者摩肩而至，以故功易成。藏之前后，神物瑰伟……①

《记》文还称此转轮藏建成于"绍兴甲子（十四年，1144）四月八日也"。据此，此龙须山所建转轮藏用时整整十年，其经费主要由寺院向当地民众募捐而来。

（2）吉州安福县石泉寺

据杨万里撰《石泉寺经藏记》（《诚斋集》卷七三）载："下泳萧民望甚贤而喜士，尤嗜蓄书，发粟散廪而饕飧《六经》，捐金抵璧而珠玉百氏。""旧嗜蓄儒书，后颇嗜蓄佛书，新作一经藏于石泉寺以贮之。"

（3）吉州安福县兴崇院

兴崇院建于治平三年（1066），宣和六年（1124）、建炎四年（1130），相继遭到两次火灾，被毁。寺僧延贽与惠崇两次重建，殿阁逮庖湢毕葺，然经卷全无。乾道淳熙间释海璇居是寺，海璇良于医，以所得钱与里之侠士捐助之钱，由海璇之徒"杖竹履草，风飡露瘵，走二千里至福唐市经于开元寺以归，为卷者五千四十有八，为瓯者数十百，承以耦轮，峙以崇殿，金碧炜煌，丹漆可鉴，龙光神威，

---

① （宋）王庭珪《卢溪文集》卷三四，文渊阁《四库全书》本。

森然欲动，鼓舞町庶，罔不尊礼"①。

（4）池州景德寺

韩元吉撰《池州景德寺五轮藏记》（《南涧甲乙稿》卷一六）记景德寺建造转轮藏略云：

比丘颢宁住池州景德寺，有《大藏经》，一夕而火。众皆聚泣，以为不祥。宁独笑曰："是将待我而易也，庸何伤？"宁始传法，在长芦能鼎新其栋宇而老于佛乘，池人亦敬异之，不逾月，果以其愿力，更为所覆之殿，悉大其旧。又为藏者五，摹诸经分置其上，阅再岁而后成。中为机轮，轇轕运动，复以无量金银五彩而为严饰，又以无数幡幢宝铎网幔而为供具，珠珍间错，丹碧照耀，老稚环观，叹未曾有。

据《记》文，此次重置《大藏经》并创造转轮藏，费钱一万七千缗，始乾道七年（1171）正月、迄九年十月。"藏崇二十五尺，袤十有三尺，四傍者崇减于中六尺，袤则减其半"，当地富人施财、施经，民施力，寺之徒施缘化者也。

（5）信州广教院

韩元吉《广教院重修转轮藏记》（《南涧甲乙稿》卷一六）记该寺转轮藏云：信州城北有大宝刹名曰"广教"，惟昔陆羽即山种茶，泉乳甘洁，草木清润。刹西南隅，实建大藏，爰以精金，合众宝色，天宫楼台，遍覆其上。

---

① （宋）杨万里：《诚斋集》卷七三《兴崇院经藏记》，北京大学出版社 2024 年版。

（6）南昌宝华寺

宝华寺"基于唐，昌于五季"，入宋"世异事殊，随葺随毁"。至南宋宁宗时重修一新，"门庭靖深，鼓钟明亮"。嘉泰间（1201—1204）"始建转轮藏经"[①]。

[①] 释道灿：《重修宝华寺记》，《柳塘外集》卷二。

南宋道观对道教典籍的收藏

与寺院所藏图书主要为佛经一样，南宋道观中所藏图书也主要是道教典籍，亦以收藏道教经书、道家及相关著作的总汇《道藏》为最大愿望与目标。由于宋代不管是官方还是私家，在前代基础上继续对道教经典及道家著作进行编撰、校订，尤其是对《道藏》的刻印，为南宋道观收藏《道藏》带来了便利。不少道观通过朝廷赏赐、购置与地方乡绅、道教徒的资助，都收藏有《道藏》；而为了宣传道教，吸引一般民众来道观诵经奉道，有些道观也如寺院那样设立转轮藏。

1. 宋代《道藏》的编撰与刻印

发源于中国本土的道教，以老子为其祖师，以道家著作《老子》等为道经。道教徒们在长期的修行、传教过程中，不断地对教理教义、教规戒律进行阐述、发挥与总结，并对修炼之术、斋醮仪式等形成一套固定模式，以此编撰了许多新的道经。与此同时，道教徒们为了宣传、弘扬道教，不断地扩大道教经典的范围，增加其内容，不但把后出的所有道家著作与传注、研究道家的著作列为道书，而且将"至如韩子、孟子、淮南之徒并不言道事，又有八老黄白之方、陶朱变化之术，翻天倒地之符，辟兵杀鬼之法及药方呪厌"，都作为道书。至北周天和五年（570），玄都观道士所上《玄都经目》称："道经、传记、符图论六千三百六十三卷"，以致受到佛教徒们的嘲讽[①]。道教典籍的杂乱与种数的繁多，使"道书"的概念范围存在一定分歧，也给道书汇集带来了困难，故相对于佛教经书的汇编，道教经书的汇编虽然有着文字语言上的优势、便利，然而汇集成《道藏》，比《大藏经》却要迟。

---

① （唐）释道宣：《广弘明集》卷九《诸子道书三十六》，上海古籍出版社 1991 年版。

道书最早汇总成《道藏》，是在唐代玄宗开元（713—741）期间，名为《三洞琼纲》，史称《开元道藏》。宋初太宗朝，官方搜访的道书达七千多卷，太宗命徐铉、王禹偁雠校，去其重复，得三千七百三十七卷。真宗大中祥符中，王钦若又奉命重校道书并重编《道藏》，新编《道藏》凡四千三百五十九卷，于大中祥符九年（1016）三月完成。

以上是宋代建立后官方两次对道书的大规模校订，并在此基础上编纂了宋代第一部《道藏》即《宝文统录》。宋代官方第二次编纂《道藏》是在真宗天禧三年（1019），题曰《大宋天宫宝藏》。这部《大宋天宫宝藏》的内容，较之《宝文统录》又多了二百零六卷，并采用千字文为函目，这是新的顺序标注方法，成为后世《道藏》的格式。在《大宋天宫宝藏》的基础上，张君房又撮其精要、掇其蕴奥，总万余条，成《云笈七签》一百二十卷，于仁宗天圣（1023—1031）间上之。《道藏》菁华，备具于是。

宋代编纂的第三部《道藏》是在徽宗政和三年（1113）。徽宗即位之初，"兴道教，诏天下搜访道家遗书，就书艺局令道士校定"[1]。通过此次搜访校订，道书的数量又有了增加，《文献通考·经籍志》称："近世张君房所集道书，凡四千五百六十五卷，崇、观间增至五千三百七十八卷。"在此基础上，政和三年十二月癸丑又下诏："天下应道教仙经，不以多寡，许官吏、道俗、士庶缴申，所属附急递投进。及所至，委监司郡守搜访。"[2]再次搜访道书，并命道士元妙宗、王道坚校定。次年即政和四年（1114），礼部尚书黄裳（1044—1130）"奏

① （元）赵道一：《历世真仙体道通鉴》卷五一，广陵书社1997年版。

② （宋）杨仲良：《续资治通鉴长编纪事本末》卷一二七，北京图书馆出版社2003年版。

南宋道士塑像

请建飞天法藏,藏天下道书五百四十函",请赐名"以进于京"[1]。这
是我国历史上第一次将全部《道藏》"镂板"。

　　由于此《道藏》雕刻于政和间,雕刻地点为福建天宁万寿观,

---

① (宋)梁克家:《淳熙三山志》卷三八《寺观类六》,方志出版社 2003 年版。

故名为《政和万寿道藏》，简称为《万寿道藏》。

徽宗在政和间对道书进行搜访校对与雕刻《万寿道藏》之后，重和元年（1118）又先后颁《御制圣济经》《御注道德经》，接着又用蔡京言，集古今道教史事为纪志，赐名《道史》[①]，另又编写了《道典》。"自汉至五代为《道史》，本朝为《道典》"[②]。

以上是北宋编纂道书与《道藏》的情况，可惜的是，这些官方收集与编成并收藏于秘书省的道书、《道藏》，均毁于北宋末战火。南宋建立后，最高统治者在抗金战争取得局部胜利，政局得到稳定之后，开始重建道宫和《道藏》。绍兴十七年（1147），在都城临安重建原东京时所建官方宫观太乙宫，内设高宗皇帝本名殿，匾皆高宗御书，其规模大略如太平兴国旧制。鉴于原雕刻于福建天宁万寿观的《政和万寿道藏》已毁，特命该观将其收藏的《政和万寿道藏》抄录一部。淳熙二年（1175），天宁万寿观完成了《政和万寿道藏》的抄录，将其送到都城临安，然后朝廷又组织人员分抄了多部。对于这次抄录《道藏》的具体情况，史载不详，但太乙宫得到此次抄录的《道藏》时称："淳熙四年重建《道藏》成，御书《琼章宝藏》以赐。"[③] 可见，此次抄录《道藏》不仅是简单照抄《政和万寿道藏》，而属于重建《道藏》，当对《政和万寿道藏》内容有所补充增加，故孝宗将此命名为《琼章宝藏》。

通过以上对宋代编写、收访、抄录、刻印道书、《道藏》的总结回顾，可以得知，宋代编写、收访、抄录、刻印道书、《道藏》主要

---

① 《宋史》卷二一《徽宗本纪三》。

② 《续资治通鉴长编纪事本末》卷一二七。

③ 《咸淳临安志》卷一三《行在所录·宫观》。

是在北宋，而又集中在真宗、徽宗两朝，这主要是真、徽二帝特别崇奉道教的缘故，而北宋官方抄录、刻印收藏于馆阁与上清宫、太乙宫等朝廷直接建造的官方宫观的道书与各部《道藏》，当时也都赐给了各地宫观。北宋灭亡，都城东京被严重破坏，馆阁与上清宫、太乙宫所藏的道书与各部《道藏》均被毁不存，而赐给各地宫观尤其是南方宫观的《道藏》大都得以保存下来，成为南宋时道观藏书的基础。

2. 南宋道观对《道藏》等典籍的收藏

南宋道观正是在此基础上，进一步加强对道教典籍的收藏工作，其来源有较大一部分是北宋时留存下来的。除此之外，还有南宋朝廷新的赐予与道观通过抄录、购置而新增加的。

确切记载南宋宫观对道教典籍收藏最多的是今浙江地区，其中又以当时都城所在地临安地区为最多。这是因为临安作为南宋都城，与北宋时一样有多座御前宫观，有的是根据北宋原有名称重建的，有的是新建的。南宋吴自牧所著专记临安城市风貌的著作《梦粱录》卷八《大内》设有《御前宫观》专篇，称：

> 御前宫观，在杭城者六，湖边者三，多是潜邸改建琳宫，以奉元命，或奉感生帝，属内侍提举宫事，设立官司守卫兵士。凡宫中事务，出纳金谷日膳，道众修崇醮款，凡有修整宫宇，及朝家给赐银帛，殿阁贴斋钱帛，并皆主计给散，羽士俱沾恩甚隆，外观皆不及也。

接着《梦粱录》分别对这九座宫观作了具体介绍，分别是东太乙宫、西太乙宫、佑圣观、显应观、四圣延祥观、宁寿观、洞霄宫、龙翔宫、宗阳宫。这些宫观很多都藏有数量可观的道教经典甚至《道藏》转轮藏。

东太乙宫

《建炎以来朝野杂记》甲集卷二："（东）太一宫，以绍兴十七年（1147）建，明年宫成，凡一百七十楹，分六殿，大殿曰灵休（奉十神太一塑像），夹殿曰琼章宝室（藏殿）。"《咸淳临安志》卷一三有更详细的介绍，称（东）太乙宫在新庄桥南，绍兴十八年（1148）三月建成，共一百七十四区，殿门曰"崇真"，大殿曰"灵休"，挟殿曰"琼章宝室"。皇帝本命殿曰"介福"，三清殿曰"金阙寥阳"，斋殿曰"斋明"。后又建殿曰"明离"，扁皆高宗皇帝御书，孝宗皇帝建本命殿曰"崇禧"。淳熙四年（1177），重建《道藏》成，御书"琼章宝藏"以赐。据此，东太一宫是按照北宋东都之制而建，其建置制度也完全承继东京太一宫，规模宏大、殿阁甚多，其匾额都为御题，而且观中还设有高宗、孝宗本命殿。绍兴十八年（1148）建成时，即有藏殿"琼章宝室"，淳熙四年（1177），重建藏殿，曰"琼章宝藏"，藏有《道藏》。

西太乙宫

据《淳熙临安志》卷十三、卷二十三载：临安的孤山上原本有智果观音院、玛瑙宝胜院、报恩院、广化寺等一众寺院，南渡之后，诏令寺院徙至他处，建延祥观。淳熙十二年（1185），太史局请奏用"天圣故事"建西太乙宫（天圣六年即1028年曾建东京西太乙宫），由此"乃析延祥观地为宫，即凉堂建殿曰黄庭之殿，其外为景福之门。东有延祥之观，以备临幸，其外为福祥之门，皆理宗皇帝御书，凡宫之事，视东太一"。

佑圣观

据《梦粱录》卷八《大内》记载：佑圣观在端礼坊西，原孝宗旧邸，绍兴间以孝宗未即位时外第设立，淳熙间，诏改为道宫，以奉真武。绍定重建观门，曰"佑圣之观"，殿曰"佑圣之殿"，藏殿扁曰"琼章宝藏"，御制《真武赞》及宸翰《黄庭经》，皆刻之石以赐。有孝宗少年时题杜甫诗："富贵必从勤苦得，男儿须读五年书。"理宗又书全篇，锓于东宫厅屏风上曰："碧山学士焚银鱼，白马却走深岩居。古人已用三冬足，年少今开万卷余。晴云满户团倾盖，秋水浮阶溜决渠。富贵必从勤苦得，男儿须读五车书。"

显应观

显应观，北宋时建于东京丰城门外，聚景园之北。靖康间，赵构为康王，出使金国至磁州，神马引而南，免遭被金扣留。因此而建，宋室南渡后复建。殿中为显应之殿，其神位曰"护国显应兴圣普佑真君"。高宗为书殿匾，且揭以御名，昭其敬也。孝宗宸书"琼章宝藏"之匾，理庙书《洞古经》以赐刻石。

《咸淳临安志》卷一三《行在所录·宫观》对显应观所载同。以此说明显应观亦有专藏《道藏》之殿，赐名"琼章宝藏"。

四圣延祥观

《咸淳临安志》卷一三《行在所录·宫观》："四圣延祥观，在孤山，旧名四圣堂。道经云：四圣者，紫微北极大帝之四将，曰天蓬、天猷、翊圣、真武。"绍兴十四年（1144）建，"二十年，诏复东都延祥旧名，殿曰北极四圣之殿，门曰会真之门"。有藏殿收藏《道藏》，孝宗御书曰"琼章宝藏"。庆元四年（1198），起居郎张贵谟为观《记》云：绍熙五年（1194），"增创钟楼及本观所造轮藏，为屋几三百楹"。据此，四圣延祥观还创设有转轮《道藏》。

宁寿观

《咸淳临安志》卷一三《行在所录·宫观》：

宁寿观，在七宝山，本三茅堂。绍兴二十年因东都旧名赐观额，殿曰"太元"，奉茅君像，徽宗皇帝御画。也有徽宗皇帝、钦宗皇帝、高宗皇帝神御殿（下注徽庙、钦庙神御元在禁中，高庙原在聚景园，皆迎奉于此）。禁中有累朝所赐御书：高宗皇帝《黄庭度人经》、宁宗皇帝"道纪堂"字、理宗皇帝《养生论》。又有绍兴赐古器玩三种，皆希世之珍……景定庚申，今太傅、平章军国重事、魏国公贾似道以江汉功成入相，理宗皇帝赐内府金币百巨万直，固辞。续有旨就观宣索《阴符经》以赐。

由此可见，宁寿观不但在御前宫观中地位十分重要，有徽宗、钦宗、高宗神御殿，建筑规模壮丽宏大，而且图书收藏十分丰富，藏有宋代多位皇帝御制墨迹、御书道教经书及稀世珍宝古器玩。其藏道书所"云章宝室"，"签帙富丽，浩浩乎道山蓬莱之藏也"，庆元初，陆游为宁寿观撰碑，碑文称：包括道教图书收藏在内，宁寿观的综合地位"非他宫馆、坛宇可得而比"。

龙翔宫

龙翔宫在后市街，原为理宗潜邸，淳祐四年（1244）诏建道宫，"赐名龙翔，以奉感生帝"。《咸淳临安志》卷一三《行在所录·宫观》、《梦粱录》卷八《大内》都载龙翔宫规模宏大，一应殿阁具全，有经楼匾曰"凝真之章"，藏殿匾曰"琅函宝藏"。可见其藏有《道藏》。

宗阳宫

宗阳宫在三圣庙桥东，始建于咸淳四年（1268）四月，规制大抵视龙翔宫。《梦粱录》卷八《大内》称："自开明门内，左有玉籁之楼、景纬之殿、寿元之殿；右有栾简之楼、琼章宝书、北辰之殿"。可见宗阳宫建有藏殿"琼章宝书"，当藏有《道藏》。

洞霄宫

洞霄宫，在临安府余杭县西南一十八里，非属御前宫观，但它是我国古代历史上最为悠久的道观之一，"自汉武帝迄唐五代，至宋一千九百余年，元名天柱，宋大中祥符年赐观额'洞霄'"，为道家三十六小洞天、七十二福地之一。据《咸淳临安志》载，南宋初毁于兵，绍兴二十五年（1155）赐钱重建。淳熙六年（1179）《道藏》成，八年赐藏经。孝宗皇帝尝赐道士俞延禧画、《古涧松》诗，光宗皇帝御书"怡然"二字赐延熹为斋匾，宁宗皇帝御书"演教堂"，理宗皇帝赐内帑铸钟，御书《清净经》一卷及"洞天福地"四大字以赐。咸淳元年（1265），资政殿学士、宣奉大夫杨栋所撰《东阳楼记》（载邓牧《洞霄图志》卷六）称："数游洞霄，《道藏》写本甚真，山庐无事时得假借，无何阅之遍。"据此，位于临安府余杭县之洞霄宫藏有朝廷所赐整部《道藏》，又有自高宗、孝宗至光宗、宁宗、理宗御书御制及御书道经。

除了南宋临安府（基本包据今杭州市地区）以上几大道宫有规模很大的藏殿，收藏有大量道书甚或整部《道藏》外，今浙江其他地区还有多座道观藏有丰富的道教典籍或整部《道藏》。绍兴府神霄玉清万寿宫有经藏，名"云章宝室"。《嘉定赤城志》载：台州凝真宫，淳熙九年（1182）道士陈会真得内赐《道藏》以归镇之；光宗在储宫，书"琼章宝藏"四字镇之。婺州元宝观，有邑人陈元之后陈严捐金合百万先建《道藏》一所。处州景霄观北宋末毁于兵火，后有道士朱存一及弟子章仲景等重建，并购道教典籍等四千五百余卷贮于观中。

以上是南宋时期今浙江地区收藏道教典籍及《道藏》的代表性宫观，不包括如台州崇道观北宋时就藏有《道藏》而保存到南宋的情况。除今浙江地区，今江苏、江西、福建地区亦有不少道观都收藏有大量道书或《道藏》，如平江府天庆观，据陈振孙《直斋书录解题》载：《云笈七签》一书，先在莆田传录，才二册，"后于平江天庆［观］《道藏》得其全"。而江西庐山和龙虎山作为历代道教活动中心，南宋时亦都藏有《道藏》，陆游乾道五年（1169）授夔州通判，以次年闰六月十八日自山阴启程入蜀赴任，其间游庐山太平兴国宫，亲见该道宫"有经藏，亦佳，扁曰'云章琼室'"①。而虞集所撰《龙虎山〈道藏〉铭》载云："龙虎山者，嗣汉天师居之。其上清正一宫者，道家之总会也。宋庆元中，冲静先生留用光见之，宁宗使有司新其宫，而藏室之所谓经者，皆粉黄金为泥书。"据此，江西龙虎山道观所藏道经用金泥写成。

---

① 《渭南文集》卷 46。

南宋寺观对私家藏书的寄存

　　自古以来，除了处在京城都市的少数寺观外，一般的寺庙、宫观大都远离尘嚣，藏之名山，环以秀川，故成为文人学者专心读书治学、修身养性的好去处。在宋代历史上，就有如王安石等不少官僚士大夫在退隐之后或遭贬黜之时，长住寺观，或紧邻寺观，与僧道为友，交往密切。而据《释氏稽古略》卷四记载：南宋绍兴二年（1132）进士第一的张九成（1092—1159）在奸相秦桧专政时，因反对秦桧向金屈膝投降，"以为讥议朝政"，贬南安军，"谪居十四年，寓横浦僧舍，谈经著书"。再如绍兴末傅自得（1016—1083）客于泉州城东之佛寺间，即其寓舍之西偏治一室，名之"至乐斋"。朱熹为撰《至乐斋记》云：

　　左右图史，自《六经》而下百家诸子史氏之记籍，与夫骚人墨客之文章，外至浮屠老子之书，荒虚谲诡诙谐小说，种植方药卜相博奕之数，皆以列置，无外求者。公（傅自得）于是日俯仰盘礴于其间，翻群书而诵之，蚤夜不厌，人盖莫窥其所用心，而公自以为天下之乐无易此者，故尝取欧阳子之诗以名其室曰"至乐之斋"①。

　　更有些文人学者把寺庙道观作为藏书读书之地。最著名的例子是北宋李常借庐山五老峰下白石庵僧舍藏书，苏轼撰有《李氏山房藏书记》。南宋时将寺院道观作为私人藏书寄存之处，也时有所见，如绍兴二年（1132）秘书少监洪炎上言："太平州芜湖县僧寺寄收蔡京书籍。"② 而最典型、最著名的能与李常庐山李氏山房藏书相媲美的

①　（宋）朱熹：《晦庵先生朱文公文集·别集》卷四，国家图书馆出版社 2006 年版。

②　《宋会要辑稿·崇儒》四之二四。

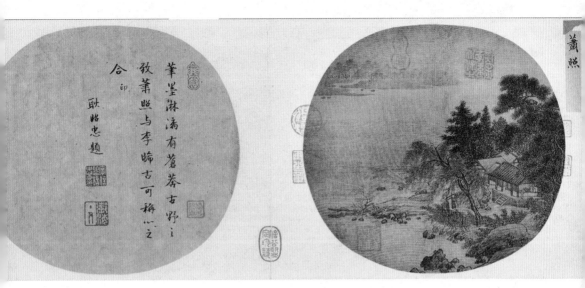

宋　萧照　《柳堂读书图》

是，洪咨夔在西天目山下宝福寺藏书读书之事。

洪咨夔（1176—1236），字舜俞，号平斋，於潜（今浙江临安）人。嘉泰二年（1202）进士，历监察御史、刑部尚书、翰林学士。理宗宝庆元年（1225），洪咨夔因上书指责公卿获罪，被贬官，而后回家乡於潜，读书于西天目山下宝福寺，"合新、故书得万有三千卷，藏之闻复阁下，如李氏庐山故事"①。

南宋洪咨夔与北宋李常分别藏书于西天目山宝福寺、庐山五老峰白石庵，一直被作为中国古代藏书史上的佳话传颂。

———————

① 《鹤山先生大全文集》卷四九《洪氏天目山房记》。

第四章

南宋书院藏书

大夫武權部尚書兼翰林學士兼侍讀

公子詹事兼修國史管城縣開國子食邑

　　　　賜紫金魚袋臣周必大奉

天下至於士民皆能正列其義被飾

無不退國家一有殊功異德卓絕之跡

不物小大無不浮其理之明也如燭照

女人有所養而教無異習故其氣之盛

之金東主于氣辭之工拙存乎理昔者

張明刊

一

顧於書詠於詩略可考已後世家異

剛大之不充而委靡之習勝道德之

　之說入作之弗振也索之易窮也

　研於　終日馳驅無以致遠搏土為像

　而中奚取焉此豈獨學者之罪哉上

　容有未至焉爾時不否則不泰道不晦

文武取五代破碎之天下而混一之

　　汲汲乎以垂世立教為事

家谷出於一援毫者知尊周孔游談者

第四章

南宋书院藏书

　　在中国古代四大藏书系统中，书院藏书是最后形成的一个系统。而后世意义上的作为民办公助集授徒教学、学术研究于一体的书院，是在宋代才正式形成的，所以，考察真正意义上的最早的书院藏书，也应从北宋初开始，这也是笔者认为中国古代四大藏书系统形成确立于宋代的基本观点。但是，特别需要指出的是，由于宋代文化教育、学术事业的发展，与书院教学、研究的需要，虽然书院藏书形成得比较晚，但是它的发展规模很快。到了南宋时期，随着书院数量的成倍增加与包括书院自身刻书在内的藏书渠道的扩大，其藏书功能也得到很大提高，终于使书院藏书成为在中国古代藏书发展史一个不可替代的，包括对图书的收藏、管理、利用、研究、整理、刻印在内的一个文化系统工程。

宋代书院的发展

1. 书院的产生与形成

根据文献记载，最早以书院为名的是唐代的丽正书院。与后世的书院性质不同，它与宋代的馆阁一样，是国家机构，是国家藏书、修书的处所。它虽然藏有很多图书，但属于官方藏书系统中的中央机构，另外，它不像宋代以后的书院那样具有教学功能。故清人袁枚指出："书院之名起于唐玄宗时，丽正书院、集贤书院皆建于朝省，为修书之地，非士子肄业之所也。"[①]

以私人名义建立的书院由生活于唐德宗、顺宗、宪宗朝的张九宗创建，继张九宗书院等早期为数不多的几家书院后，唐代后期还有多家私人创建的书院。其中比较重要与著名的有江西的桂岩书院、陈氏东佳书堂（义门书院）、衡州石鼓书院。但是这些书院大都是文人学者个人读书治学的处所，读书治学需有一定图书，而在读书治学过程中，这些文人学者或多或少有门生学子随其左右，也有不少年轻士子上门求学，当然也有主动招徒讲学的。所以，就如任何事物都有酝酿、产生、形成、发展的过程一样，最早产生于唐代后期的书院，经过唐末五代，初步形成了具有教学、学术研究及祭祀功能的后世意义上的书院，而自北宋始逐渐定型并有了较大发展。其中的重要标志是：在北宋初出现了对当代、后世书院建设发展产生重大影响的白鹿洞书院、嵩阳书院、岳麓书院、应天府书院这四大书院。

宋初四大书院，大致有以下特点：第一，这四大书院主要是授徒教学的教育单位，并已形成较大规模，生徒少则六七十人，多则超过百人。第二，这些书院都得到当地官府、地方官员的关心支持，

---

① （清）袁枚：《随园随笔》卷一四，浙江古籍出版社《随园十种》2019 年版。

有的地方官员甚至将这些书院遇到的问题、难事直接上奏，请求朝廷帮助解决。如"太平兴国二年（1977）知江州周述言：庐山白鹿洞学徒常数十百人，望赐九经，诏乃从其请。至道二年（996）嵩阳书院亦得到赐额及印本九经。咸平四年（1001）郓州守臣李允则奏：岳麓山书院修广舍宇，有书生六十余人听诵，乞下国子监降《释文》等书，诏从之"①。应天府书院创建人戚同文卒后，因无人能继其业者，朝廷不但赐额，还"诏以曹诚为助教"。这都说明，宋初书院得到朝廷的直接过问、支持、资助。第三，由于教学的需要，书院急需九经等图书，这也成为书院收藏图书的初衷，随着书院数量的增加、规模的扩大，迫使书院自身通过抄录、购买与刻印，积极主动地去收藏图书。

2. 南宋书院述略

在宋初四大书院已初步形成民办公助教育单位性质的基础上，北宋后期书院得到较快发展，到南宋更是一骑绝尘，大小不等的书院如雨后春笋般地出现在全国各地。根据当代多位学者统计，两宋书院的数量以数百计，而南宋大约占四分之三以上。南宋书院不但在数量上比北宋有了成倍的增加，而且其规模、体制也得到很大发展，还新产生了一大批有重大影响、对当代及后世文化教学事业作出重大贡献的书院。对此，《续文献通考》有一总结性的论述：

> 宋自白鹿、石鼓、应天、岳麓四书院后，日增月益，书院之建所在有之。宁宗开禧中，则衡山有南岳书院，掌教有官，育士有田，略仿四书院之制。嘉定中，则涪州有北岩书院。至理宗时尤夥，其得请于朝，或赐额，或赐御书，及间有设官者。应天有明道书院，

---

① 《文献通考》卷六三。

苏州有鹤山书院，丹阳有丹阳书院，太平有天门书院，徽州有紫阳书院，建阳有考亭书院、庐峰书院，崇安有武夷书院，金华有丽泽书院，宁波有甬东书院，衢州有柯山书院，绍兴有稽山书院，黄州有河东书院，丹徒道州有濂溪书院，兴化有涵江书院，桂林有宣成书院，全州有清湘书院。度宗朝，则淳安有石峡书院，衢州有清献书院。其它名贤庀止士大夫讲学之所，自为建置者不与焉[1]。

　　以上《续文献通考》所载仅是"其得请于朝，或赐额，或赐御书，及间有设官者"的南宋最主要的书院，凡二十所，比北宋时四大书院总数增加五倍，至于"其它名贤庀止士大夫讲学之所，自为建置者不与焉"，也就是说无法统计，可见南宋书院之多。而据上引《续文献通考》，结合宋元方志所记，南宋书院遍布境内各地，又以文化发达地区为多。就以《续文献通考》所载二十所最重要书院为例，主要分布在今湖南、浙江、江西、江苏、安徽地区，而南宋书院也主要分布在以上地区。

　　考察南宋书院的发展过程，可发现南宋书院大量出现是在南宋中后期即宁宗朝，就以上引《续文献通考》所载二十所最著名重要书院而言，均出现在宁宗朝及宁宗朝以后。并且南宋后期自宁宗朝开禧（1025—1028）以后，书院的发展形成了一定的规模、以宋代书院最多的今江西地区为例，据雍正《江西通志》记载，今江西地区宋代所建书院约为一百三十六所，其中较明确记载为南宋中后期即宁宗朝后所建或重建的超过一百所。这是因为自孝宗朝始，以朱熹为代表的各学派一些著名学者，为了宣扬、传播理学与各自的学术思想，他们不但亲自创建、重建书院，授徒教育，延请名儒学者

---

① （明）王圻：《续文献通考》卷五〇《学校考》，现代出版社 1991 年版。

讲学，而且他们本人也常到各地的书院讲学，身体力行支持书院教学。至理宗朝，随着党禁解除与理学被最高统治者承认提倡，为了纪念前代周敦颐、二程及朱熹、吕祖谦等儒学大师，在他们任职、读书、讲学处所，都建起了书院以纪念他们，有的则直接以这些名儒大家之名为书院名额。使书院不但成为授徒教育、延请名儒讲学与进行学术研究的场所，也使书院增添了纪念、祠祀名儒及各学派代表人物的功能。有的门人学生、后代子孙则在其师、其祖、父读书、讲学之地直接创建书院，以祠祀其师、父、祖。如广信府（今江西上饶）怀玉书院，原为唐大历中僧志所创法海寺，北宋时学士杨亿精舍亦在山麓，南宋时朱熹与陆九渊、汪应辰等诸名学者讲学兹山，于是"有司及门人拓而大之，置田以供四方来学者，自是怀玉之名与四大书院相等"①。最典型的是，仅江西地区以纪念、祠祀周敦颐而以其号命名的濂溪书院就有六所，除了二所为南宋以后所建，另四所都是在南宋时创建或重建。再如以南宋著名学者张栻命名的南轩书院，南宋时就有四所，一所在江西袁州（今江西宜春），一所在湖南衡山县南岳，一所在四川汉州城内，一所在建康府，都是为纪念祠祀张栻而建。其中建康府的南轩书院还是朝廷"命建康府建"，以"祠先儒张栻"②。正是这些南宋新建的以百为计数的众多书院，成为南宋书院藏书发展的基础。

① 雍正《江西通志》卷二二《书院二》。

② 《宋史》卷四六《度宗本纪》。

南宋书院的藏书与来源

1. 南宋书院藏书述略

后世意义上的书院初步形成于唐末五代，至北宋初才日趋成熟。在其形成之初，由于受到规模、建置、财力的限制，及当时战乱、社会动荡的影响，办学条件很差，如上所述，宋初即使四大书院也连九经等儒家经典都没有，要靠朝廷赐予，更不要说一般书院了。北宋中期以后，随着雕版印刷技术的逐渐成熟，图书生产与流通的加快，增加了书院获得图书的来源与渠道，至南宋，不仅书院数量快速增长，其藏书也得到了前所未有的充实，拥有图书的书院数量大大增加。

南宋时，有较明确藏书记载的书院有三十余所。兹选择一些重要的、有代表性的书院，略作介绍：

潭州岳麓书院

《玉海》卷一六七"岳麓书院"条：岳麓书院，开宝九年（976）潭州知州朱洞始创于岳麓山抱黄洞下，以待四方学者。是名闻天下的四大书院之一，真宗咸平二年（999），潭州知州李允则进行扩建，扩大其规模，中开讲堂，揭以书楼。咸平四年（1001），潭州知州李允则奏请，请下国子监赐诸经、《释文义疏》《史记》《玉篇》《唐韵》。南宋乾道元年（1165），帅臣刘珙重建，定养士额二十人。讲堂后阁曰"尊经"，淳祐六年（1246）赐御书"岳麓书院"四字，揭之中门。

吴澄《岳麓书院重修记》称：延祐元年（1314）整治岳麓书院时，"木之朽者易，壁之漫者垸，上瓦下甓，更撤而新，前礼殿傍四斋、左诸贤祠、右百泉轩，后讲堂，堂之后阁曰'尊经'，阁之后亭曰'极

岳麓书院

高明'，悉如其旧"①。可见岳麓书院十分重视对图书典籍的收藏，南宋时，岳麓书院的藏书楼名"尊经阁"。

衡州石鼓书院

衡州石鼓书院建于唐代，是宋代直至明清我国最著名的书院之一。孝宗淳熙十二年（1185），当地地方官宋若水加以扩建，别建重

---

① （元）吴澄：《吴文正公集》卷三十七，乾隆五十一年万氏刻本。

屋以奉先圣先师之像，且摹国子监及本道诸州印书若干种、若干卷，而俾郡县择遣修士以充入之。当地地方官皆奉金赍、割公田，以佐其役。

南康军白鹿洞书院

白鹿洞书院在江西庐山，是宋代四大书院之一。宋初就有学徒数十百人，太平兴国二年（977）太宗赐以九经。咸平五年（1002）又敕有司重加修缮，至皇祐时，规模有了进一步扩大。但在北宋末南宋初毁于战乱，其藏书也荡然无存。淳熙六年（1179）朱熹出知南康军，白鹿洞书院得以恢复重建，朱熹还将为刘靖之作传而刘象所赠藏《汉书》四十四通送往白鹿洞书院。在此同时，他还向江西境内各州府求助，为白鹿洞书院征集图书。淳熙八年（1181）初，朝廷除朱熹提举江南西路常平茶盐公事，在准备赴任之际，朱熹上奏状乞朝廷赐白鹿洞书院敕额，及颁降高宗御书石经、孝宗皇帝御书石经，及印本九经疏、《论语》《孟子》等书[①]。是年十一月，孝宗准予礼部所上朱熹的奏请，事下国子监，赐额"白鹿书院"，并以国子监所摹高宗御书石经，印造九经注疏、《论》《孟》等书给赐。

在知南康军任上，朱熹还为白鹿洞书院规划创建藏书阁，只是由于不久除提举江南西路常平茶盐公事，离开南康军，其规划未能实施。但受朱熹的影响，当地的地方官与白鹿洞书院历任山长对书院藏书十分重视，在朱熹离开南康军多年后，当地学官李君琪终于在白鹿洞书院建造了藏书阁云章阁。近半个世纪后，于宝庆二年（1226）又在知军王遂支持下，由学官丁燧对云章阁进行了增修扩建。曹彦约所撰《白鹿书院重建书阁记》（《昌谷集》卷一五）记其重建

---

① 《朱文公文集》卷十六。

朱熹像

书阁藏书情况云：

　　白鹿洞之复有书院，前使君朱文公所建也；书院之有御书、石经，孝宗皇帝之赐，文公之请也。藏书而有阁焉，又文公之所度地，前学官李君琪之所创，前使君宗学桂博士欲改而大之，今使君太府王寺丞增益，其费命学官丁君燧董成之，几五十年而后，文公之志始遂，亦难矣哉。

　　曹彦约在《记》中还指出："旧阁尚卑隘，总高深之数，为丈者率不满二，其广特加一焉，今所增或以丈计，或以尺数，蔑有不满之虑，书院伟矣，阁崇且广矣。"可见经过此次重新修建，白鹿洞书院建筑雄伟，其藏书阁"崇且广"，藏书更多。

抚州临汝书院

临汝书院在抚州府城西南二里许（今江西抚州临川区），淳祐九年（1249），提举江西常平茶盐事冯去疾创建，以祀其师朱熹。位置分画率仿太学，故其屋室规制非他书院比，有高楼，贮诸经及群书于其间，匾曰"尊经阁"。咸淳七年（1271）因吏部侍郎曾渊之请，敕赐额为"临汝书院"。

南宋著名学者黄震在《修抚州仪礼防》（《黄氏日抄》卷九一）一文中记述临汝书院藏有大量书版：

《仪礼》为礼经，汉儒所集，《礼记》其传尔。自《礼记》列《六经》而《仪礼》世反罕读，遂成天下难见之书。抚州旧有刊板，某以咸淳七年来抚，板已漫灭不全。闻淳祐九年本州初建临汝书院，时尝模印入书阁，取而正之，则此时书板已多不可辨，盖此书之不全久矣。因遍于寓公寻借，得蜀本参对而足之，凡重刻者六十五板，计字三万四千三百八十五，补刻者百六十九板，计字二万三千五百六十七。幸今再为全书云。咸淳九年二月。

据黄震此跋，抚州所刻《仪礼》，临汝书院曾"模印入书阁"，也就是说藏有抚州地方官府所刻而书院据以印刷的《仪礼》。

吉州秀溪书院

秀溪书院，在江西吉安安福县南三十里，嘉泰元年（1201）邑人周奕建。嘉泰二年（1202），杨万里为撰《秀溪书院记》（《诚斋集》

卷七六）云：

> 安福县之南三十里而近有秀溪者，十里而九萦，凝为天镜，涌为车轮，行为齐纨鲁缟之纹，激为金簧玉磬之音。人士周奕彦博居其上，筑馆临之，命之曰"秀溪书院"，讲经有堂，诸生有舍，丛书于间，旁招良傅，以训其四子。

《秀溪书院记》又称秀溪书院主人周奕"嗜学而强记，经史百氏靡不综贯"。据此，秀溪书院实际上是一所当地乡绅士人私人创办的专以教子的学校，而以书院名之。但杨万里称其"讲经有堂，诸生有舍，丛书于间，旁招良傅"，说明它也招收其他学子，有一定规模，且藏有不少图书。

南安军道源书院

道源书院在南安军治所大庾县（今大余县）县学东，宋仁宗庆历七年（1047）周敦颐为南安军司理，程珦以兴国令摄判事，遣二子程颢、程颐受业于此。南宋乾道三年（1167）军学教授郭见义辟一屋以祠周敦颐与二程，淳祐二年（1242）在江万里提议下，创建书院，名"周程书院"。宝祐六年（1258）改名为"道源书院"，景定四年（1263）理宗赐"道源书院"四大字为额，书院建"云章阁"以藏之。而据雍正《江西通志》卷二二谓："云章阁在府学东，宋淳（熙）[祐]间建，以贮经籍者。理宗书'道源书院'四字赐额。"则道源书院的云章阁早已建立，"以贮经籍者"。

吉州白鹭洲书院

白鹭洲书院在吉州城东白鹭洲上，淳祐间江万里为州守，以程大中尝为庐陵尉，乃即是洲建书院以祀周敦颐、程大中、程颢、程颐、张载、朱熹六君子。理宗御书"白鹭洲书院"额之。书院置田租八百石有奇，绕城濠池，岁入租银五十两。建有"云章阁"，以贮经籍。欧阳守道《四书集义序》谓：淳祐十一年（1251），吉州"以郡学与白鹭洲书院养士之余力，刊《四书集义》者"①。另据傅增湘《藏园图书经眼录》卷三载，嘉定十七年（1224），白鹭洲书院刻汉班固撰、唐颜师古注《汉书集注》一百卷。

抚州石林书院

石林书院在今抚州贵溪，叶梦得创建。叶梦得，号肖翁，又号石林，受业傅子云。举进士，授秘书丞，累官知抚州。清同治《贵溪县志·书院》收录有宋曾留远所撰《石林书院记》，谓：叶梦得奉祠后，即依山林，即闲旷以讲授为业，遂构石林书院攀桂楼于东边。其规划大略视岳麓书院、嵩阳书院，今之紫阳书院、槐堂书院之制，缭以周垣，荫以嘉树，聚古今图书数万卷，中列文宣、四配之像，从以周敦颐、程颢、程颐、张载、朱熹与陆九渊、傅子云诸儒。

婺州南园书院

南园书院，在婺州东阳东南四十里。雍正《浙江通志》卷二八谓："宋蒋友松建，聚书三万余卷，宾硕儒，以教其族党子弟。"

明州（庆元府）花厓书院

花厓书院，在明州鄞县（今属浙江宁波市），邑人应伯震（1217—1291）建。伯震字长卿，号花厓，世居鄞通远之蜜岩。陈著所撰《应长卿墓志铭》（《本堂集》卷九一）谓：应伯震"少依外家杜氏学，长从西轩黄先生受诗，深得本旨。眼空流辈，谓科名可拾取。试乃辄

---

① （宋）欧阳守道：《巽斋文集》卷一二，文渊阁《四库全书》本。

为异见者黜。不自沮业，所学益力，间作花厓书院，藏书五千卷。延良师教子侄"。

鄂州南阳书院

南阳书院在鄂州（今湖北武汉）。据《宋季三朝政要》卷一载，"孟珙任四川宣抚使兼京湖制帅，创南阳书院，以处襄汉流寓之士"。而据元程文海《重修南阳书院记》称孟珙建于淳祐（1241—1252）间。按：孟珙（1195—1246），卒于淳祐六年，故南阳书院当建于淳祐初。高斯得《公安南阳二书院记》称该书院房屋面积六十余楹，田租岁入六千石有奇，"为钱四百万，养士百有四十人"。南阳书院还专门建有名"尊经阁"的藏书阁，程文海《尊经阁铭》（《雪楼集》卷二三）云："南阳书院既成，乃葺旧阁，谋藏书也"，"萃列郡校官板本书至，因庋之其上，以待学者。汇经史子集为八架，架有壁而加扃鐍焉"。

漳州漳浦梁山书堂

梁山书堂在漳州漳浦梁山下，原为唐代诗人、户部侍郎潘存实读书处，邑人吴与创建于南宋初。吴与，字可权，元丰五年（1082）进士，官终广南东路提点刑狱。平生历官凡七任，悉以俸余市书，所藏至三万余卷。郑樵称海内藏书者四家，以与所藏本最善[①]。编有《梁山书堂目录》四卷。

2. 南宋书院藏书的来源

南宋书院藏书来源，除个别书院得到朝廷赐予外，主要来源有：书院开创者的家藏图书，地方官府与个人资助，购买，抄录刻印。

---

① （康熙）《漳浦县志》卷一五，成文出版社 1928 年版。

书院创建者的家藏图书

宋代书院很多是本人或父祖为授徒办学而创立的，而创办者也都是文人学者，家中有一定的图书，有的还是藏书家，故书院创办时，很多以家藏图书作为书院的基本藏书。如上文已多次提到的藏书达十万卷的四川鹤山书院，其中很大一部分是该书院创建人魏了翁的家藏图书。周必大所撰《董君（亿）墓志铭》（《平园续稿》卷三五）谓：江西吉州永丰人董亿（1171—1202），"即先庐竹林，辟观过斋，聚书万卷，日延贤师友讲贯道艺"，有"别墅在城东，创潜乐书院，时与亲宾尊酒论文"。另如婺州石洞书院，创办人郭钦止"徙家之藏书以实之"[①]。而明州鄞县花庵书院主人应伯震（1217—1291），家藏图书五千卷，科举失利，乃作花庵书院，延良师教子侄，亦是以家藏图书作为书院教学用书。类似的例子还有吉安秀溪书院等，这都说明南宋不少书院创建之初的藏书，源于创建人的家藏图书。

地方官府、个人资助

南宋书院藏书的另一重要来源是由当地官府与个人资助，其中包括直接捐助图书与资金捐助。图书捐助除了书院创建人之外，还有地方官员、乡绅，资金捐助中包括书院日常开支与扩建等，其中一部分用于购置图书、刻印图书。如衡州石鼓书院，南宋初已毁，淳熙十二年（1185）后，在地方长官潘畤、宋若水的直接过问下，得以恢复重建，并"割田置书"，"摹国子监及本道诸州印书若干种若干卷，而俾郡县择遣修士以充入之"；当地其他官员林栗、苏诩、

---

① 《叶适集》卷九。

管鉴、薛伯宣等"皆奉金赀、割公田，以佐其役"①。而最为典型的是上文所述朱熹淳熙六年（1179）出知南康军时，亲自恢复重建白鹿洞书院，并直接帮助书院进行藏书建设。他不但将刘氏所赠家藏《汉书》四十四通送给白鹿洞书院，而且还请求江西各州府给白鹿洞书院捐助图书。

抄录、刻印

在唐中期雕版印刷未发明之前，以及北宋初期雕版印刷还未广泛运用时，图书的保存、流传与收藏主要靠抄录，故北宋书院藏书除了靠朝廷与地方政府赐予资助、购置外，主要靠抄录。但随着雕版印刷技术的逐渐成熟，南宋书院规模的扩大，不少书院开始以刻印图书作为其收藏来源。关于书院刻书，叶德辉《书林清话》卷三收集到宋代书院所刻书有：

绍定三年（1230），婺州丽泽书院重刻司马光《切韵指掌图》二卷，又曾刻吕祖谦《新唐书略》三十五卷。绍定四年（1231），象山书院刻袁燮《絜斋家塾书钞》十二卷。淳祐六年（1246），泳泽书院刻大字本《朱子四书集注》十九卷。淳祐八年（1248），龙溪书院刻陈淳《北溪集》五十卷、《外集》一卷。宝祐五年（1257），竹溪书院刻方岳《秋崖先生小稿》八十三卷。景定五年（1260），环溪书院刻《仁斋直指方论》二十六卷、《小儿方论》五卷、《伤寒类书活人总括》七卷、《医学真经》一卷。咸淳元年（1265），建宁府建安书院刻《晦庵先生朱文公文集》一百卷、《续集》十卷、《别集》十一卷。白鹭洲书院曾刻《汉书》一百二十卷。

---

① 详朱熹《衡州石鼓书院记》，《朱文公文集》卷七十九；卷九十三《运判宋公（若水）墓志铭》。

又傅增湘《藏园图书经眼录》所载宋代书院刊本有：南宋嘉定十七年（1224），白鹭洲书院刻汉班固撰、唐颜师古注《汉书集注》一百卷，其牌记有"甲申岁刊于白鹭洲书院"。有《后汉书注》九十卷，刘宋范晔撰，唐李贤注《志注补》三十卷。有司马光《资治通鉴》二百九十四卷，其后牌记为"鄂州孟太师府三安抚位刊梓于鹤山书院"。

除此之外，据《郡斋读书志·附志》载，《周易玩辞》十六卷，"平庵项安世平父所述也"，"其子寅孙刊于建安书院"。又该书作者赵希弁自称，《朱熹》所著《中庸章句》一卷、《或问》二卷、《中庸辑略》二卷、《大学章句》一卷、《或问》二卷，他家所藏各两本，"岳麓书院精舍及白鹿洞书院所刊者"。另谓其家所藏《朱熹》所著《论语集注》十卷、《孟子集注》十四卷，"岳麓、白鹿洞（书院）所刊也"。另南宋时抚州旧刻有《仪礼》，淳祐九年（1249）临汝书院初建时，"尝模印入书阁"。

值得注意的是，以上各书所载的宋代书院刻书全部是在南宋时候，这至少说明，北宋书院刻书不多，而南宋时书院刻印图书已不鲜见，是否可以这样认为：书院刻书作为新的图书刻印系统与版本系列，即中国古代版本学上所称的"书院刻书"与"书院本"是在南宋时初步形成的，而南宋之后，随着书院刻书的不断发展，至元代逐渐形成规模。南宋书院刻书不但成为自身藏书的重要来源，也为图书的保存、传播、流通作出了很大贡献。在此同时，书院靠出售所刻图书获得一定的经济收入，以此加强书院建设，并用以购置新的图书，增加自身的藏书。

3. 南宋书院藏书的特点

南宋书院的藏书少数是北宋遗留下来的，极大部分是南宋时新增的。而且，南宋书院藏书与北宋相比，其数量更多，规模更大。就藏书数量来说，出现了不少藏书数千卷甚至超过万卷的书院，如上文所述魏了翁鹤山书院藏书达到十万卷，再如浙江东阳南园书院藏书达到三万卷，贵溪石林书院储书数万卷，福建漳浦梁山书堂藏书二万卷。

就藏书规模而言，不少南宋书院建有专门藏书楼、藏书阁，如江西白鹿洞书院、湖南岳麓书院、衡州石鼓书院等。而临汝书院建有尊经阁、浙江遂安札溪书院有明经阁，浙江丽泽书院除了建有藏书阁外，还建有遗书阁，专藏吕祖谦原讲习之处图书及吕祖谦的著作。这些名目不一的藏书阁乃至藏书楼，所藏图书不但为日常教学服务，也成为士子们"研习之资"，同时也为图书的保存、传承起了很大作用。

据此，总结南宋书院藏书发展的特点，首先最明显的是：南宋时期书院藏书的数量与规模，较之北宋有成倍地增加、扩大。

其次是南宋书院藏书来源的渠道多样化。通过上文考察说明，北宋尤其是北宋前、中期，包括四大书院在内书院藏书的很大部分是朝廷赐予，而南宋书院藏书主要来源已不是靠朝廷赐予。查阅文献，南宋时朝廷对书院赐予图书的记事只有二条，即淳熙八年（1181）朱熹知南康军时，经二次上奏请求，将"太上皇帝（高宗）御书石经及印版本九经疏、《论语》《孟子》等书赐"给白鹿洞书院[1]。另，绍兴十三年（1143）六月"内出御书《周易》九月四日御书《尚书》终篇刊石，颁诸州学"[2]。显然，这与北宋初赐予庐山白鹿洞书院等九经情况不同，前一条材料是表示白鹿洞书院的特殊地位，后一条材

---

[1] 《朱文公集》卷十六。

[2] 《玉海》卷三四《绍兴御书石经》。

料是表示朝廷对儒学经典的重视与提倡。需要指出的是，这一情况并非说明南宋最高统治者不重视书院藏书，而是说明南宋一般书院都收藏有如九经之类的基本图书。这同时说明书院藏书不再仅是通过朝廷赐予，而可以通过其他渠道获得，其中地方政府与官僚士大夫、当地乡绅的资助、购置图书，成为藏书的主要来源。除此之外，有的书院还变被动收藏为主动收藏，即通过刻印图书增加自身图书收藏。

第三，南宋书院的发展主要是在南宋中后期，大多数书院是在南宋后期创建或重建的。而理宗端平二年（1235）宋蒙联军灭金之后，蒙古军即开始将矛头直指南宋。不久大举南下，南宋王朝危机四伏。而到了度宗朝（1264—1279）南宋王朝更是岌岌可危，最后终于被元朝灭亡。在此期间南侵的蒙古军队所到之处，烧杀掳掠，使南宋的经济、文化遭到极大破坏，包括书院藏书在内的整个藏书业也遭到重大打击，严重地影响并阻碍了南宋书院及藏书的发展，这也是南宋书院藏书总体来说规模不大、数量不多的原因。

但是，综观南宋书院藏书，较之前代有了很大发展，它进一步巩固发展了北宋形成的书院藏书系统，为元明清以后书院藏书的发展打下了良好基础，在中国古代书院藏书史乃至整个中国古代藏书史上有着重要的地位，对保存传播中国传统文化作出了很大贡献。

后 记

宋代是中国古代社会发展过程中非常重要的时期。当代国学大师陈寅恪先生指出："华夏民族之文化，历数千年之演变，造极于赵宋之世。"[①] 著名学者邓广铭先生甚至认为"宋代文化的发展，在中国封建社会历史时期之内达到顶峰"，"是空前绝后的"[②]。图书典籍是文化的载体，凝聚着社会的精神生产与物质生产的发展过程，它的每一发展变化，无不反映出这一时代、这一地区文化学术事业的发展情况。通过对南宋藏书业与藏书家们藏书活动的考察，或许可以这样认为：如果说宋代是中国古代文化发展的鼎盛时期，那么，从某种意义上说，是在南宋达到的，这在南宋藏书业上有充分的反映，确切的印证。如在官方藏书方面，南宋最高统治者继续实施北宋太祖、太宗制定的重文政策，大力加强图书基础设施建设，建造了堪称当时世界上设施最齐备的最大国家图书馆——秘书省，继以通过号召朝野臣民进献图书、命令各级官吏广泛访求征集图书，使国家藏书很快得到恢复，超过了北宋全盛时期。也正是南宋时继续大力发展科举教育，扩大了社会对图书的需求，又由于雕版印刷的广泛运用，加快了图书的生产与流通，使私家藏书、寺观藏书得到很快恢复、发展，超过北宋。特别是北宋时数量不多，只有很少藏书的书院，在南宋扩大了规模，增加了藏书，正式形成书院藏书系统。这一切使南宋的藏书文化达到前所未有的高度，印证了宋代是中国古代文化发展的鼎盛时期这一说法，并且是在南宋达到的。

[①] 陈寅恪：《宋史职官志考证·序》，载邓广铭《宋史职官志考证》，商务印书馆2021年版。

[②] 邓广铭：《关于宋史研究的几个问题》，载《社会科学战线》1986年第2期。

如上所述，图书典籍是文化的载体，而藏书不仅仅是对图书简单的收藏，它还包括对图书的保管、编目整理、校勘等研究，还涉及图书的编撰、刻印、版本等，其中每一环节都具有十分丰富的文化内涵。南宋的藏书家们为此进行辛勤艰苦的工作，藏书、读书、编书、刻书、校书、整理研究，他们对藏书文化与宋代文化的发展作出的贡献，值得我们尊敬、继承和发扬光大。